Éditions RAISONS D'AGIR
5, rue de Charonne, 75011 Paris

www.raisonsdagir-editions.org
editions@raisonsdagir-editions.org
ISBN : 978.2.91210.78.00

COLLECTIF ACIDES

Séverine Chauvel, Pierre Clément,
David Flacher, Hugo Harari-Kermadec,
Sabina Issehnane, Léonard Moulin,
Ugo Palheta

Arrêtons les frais !

Pour un enseignement supérieur gratuit et émancipateur

RAISONS D'AGIR ÉDITIONS

« Bien des choses se sont ensuite produites pour rendre plus efficace l'endoctrinement de la jeunesse. [...] L'une d'elles est une forte hausse des frais de scolarité. Il s'agit là d'une technique permettant de piéger les gens. Si, pour aller à l'université, vous devez contracter une dette importante, vous serez docile. Vous êtes peut-être allé à l'université avec l'intention de devenir un avocat qui défend des causes d'intérêt public : mais si vous en sortez avec une dette de 100 000 dollars, vous devrez aller travailler dans un bureau d'avocats pratiquant le droit des entreprises. Et si vous vous dites : "je vais y aller le temps de rembourser ma dette et ensuite je serai un avocat qui défend des causes d'intérêt public", ils sont assez brillants pour savoir qu'une fois que vous êtes piégé au sein de l'institution, vous en assimilez les valeurs et intériorisez bien d'autres choses et vous devenez un avocat qui pratique le droit des entreprises. »

Noam Chomsky, *Réflexions sur l'Université*

INTRODUCTION

Pourquoi donc un livre sur la hausse des frais d'inscription ? De fait, dans la majorité des universités et des établissements d'enseignement supérieur français, ces frais demeurent très faibles. Malgré la pratique des frais illégaux régulièrement dénoncée par les syndicats étudiants[1], la logique de gratuité et de service public semble donc toujours prévaloir. De plus, si l'on en croit les déclarations publiques de ceux qui, de « gauche » comme de « droite », se sont succédé à la tête du ministère de l'Enseignement supérieur, une telle hausse ne serait pas à l'ordre du jour. Ainsi, en juillet 2009, Valérie Pécresse promettait même de poursuivre en justice les établissements pratiquant des frais illégaux. Interrogée en septembre 2012 sur l'éventualité d'une augmentation des frais d'inscription, Geneviève Fioraso se montrait quant à elle catégorique : « il n'en est pas question. [...] Ce serait un très mauvais signal adressé aux jeunes des classes modestes[2]. » En juin 2014, c'était au tour de Benoît Hamon d'écarter à nouveau cette perspective : « Nous ne sommes pas favorables à une augmentation des droits d'inscription. L'avenir de l'enseignement supérieur ne peut pas passer par une augmentation importante de ces droits. Cela ne doit pas être un sujet d'inquiétude pour les étudiants[3]. »

De peur de voir les étudiants descendre massivement dans la rue, aucun ministre n'a donc encore osé mettre publiquement le sujet sur la table. Les exemples du Royaume-Uni, du Québec ou du Chili donnent la mesure de l'ampleur et de la radicalité des mouvements sociaux que peut susciter la transformation des études supérieures en investissement privé, des universités en prestataires de services éducatifs et des étudiants en clients. Pourtant, comme le reconnaissait la ministre Fioraso elle-même, en coulisses, les pressions en ce sens sont extrêmement fortes[4]. Depuis quelques années, le relèvement substantiel des frais d'inscription est souvent présenté comme la solution miracle aux difficultés que rencontre l'enseignement supérieur en France. Il permettrait par exemple de donner aux universités les moyens d'être « compétitives » sur le plan mondial ou, plus modestement, de retrouver un équilibre budgétaire. Il rendrait le financement de l'enseignement supérieur plus « équitable » en faisant payer ceux qui, en poursuivant des études supérieures, peuvent espérer de meilleurs revenus. Il aurait encore le mérite de « désinciter » les étudiants les plus faibles scolairement de s'inscrire à l'université et ainsi de résoudre le problème de l'échec en premier cycle.

Dotés de statuts particuliers leur permettant d'innover en matière de financement, certains établissements ont d'ores et déjà pris l'initiative d'un tel relèvement. C'est ainsi Sciences-Po Paris qui a joué le rôle de pionnier en la matière. À la rentrée 2004, un système de frais d'inscription modulable en fonction du revenu des familles est instauré. Leur montant s'échelonne alors de 0 à 4 000 euros. Dix ans plus tard, ces frais peuvent désormais atteindre 13 700 euros pour une année de master[5]. En 2010, après plusieurs années de bataille avec le ministère de l'Enseignement supérieur, l'université Paris IX-Dauphine réussit elle aussi à obtenir un statut dérogatoire[6] qui lui permet d'introduire des frais d'inscription d'un montant maximal de 4 000 euros pour une année de master[7]. L'université utilise ainsi son statut de « grand établissement », obtenu en 2004, pour substituer à certaines formations existantes des diplômes de grand établissement pouvant être tarifés librement[8]. En 2014, ce sont les écoles des Mines, des Ponts et Chaussées et des Télécom qui cèdent à leur tour à la tentation[9]. Alors que le gouvernement vient à peine d'autoriser son établissement à élever ses frais, le directeur de Télécom ParisTech se « fixe une ambition à 5 000 euros[10] »...

Même si elle se déploie selon la logique des petits pas plutôt que de la « grande » réforme menée tambour battant, la politique de hausse des frais d'inscription est bel et bien en marche et l'idée qu'il faudrait mettre fin à la gratuité des études supérieures est assurément dans l'air du temps. Ainsi, l'ouverture internationale a constitué le prétexte de débats sur la possibilité de relever fortement les frais d'inscription pour les étudiants étrangers[11] : la France ne pourrait pas en accueillir davantage sans qu'ils participent significativement au coût de leur scolarité[12]. De même, plus récemment, l'idée a émergé d'augmenter les frais d'inscription pour les seuls étudiants de master[13] au motif que, selon certains économistes, les rendements individuels de l'éducation seraient bien plus élevés en master qu'en licence. Puisque les étudiants diplômés de master pourront prétendre à des salaires sensiblement plus élevés que les titulaires d'une licence, il serait légitime d'exiger d'eux qu'ils payent des frais d'inscription substantiels.

Outre une partie du personnel politique, de nombreux groupes de réflexion contribuent à inscrire ce débat dans l'agenda politico-médiatique et à le nourrir. *Think-tanks* néolibéraux classés à droite comme l'institut Montaigne[14] et l'Institut de l'entreprise[15], ou à gauche comme Terra Nova[16], tous communient dans le même espoir de voir l'État autoriser les universités à relever leurs frais d'inscription et s'emploient à répandre la bonne parole. Si ces instances de production du prêt-à-penser néolibéral convergent aussi aisément, quand bien même elles prétendent se situer les unes à droite et l'autre à gauche, c'est que l'objectif d'un relèvement des frais d'inscription peut être justifié de manières très diverses. Comme le résume le président de Dauphine Laurent Batsch, « une partie de la droite justifie les droits [d'inscription] au nom d'un recul des dépenses publiques, une partie de la gauche la défend au nom de la justice sociale[17] ». Dans ces conditions, le contexte politique français, en particulier l'accès au pouvoir de dirigeants du Parti socialiste pour lesquels modernité rime avec marché, rend possible un nouveau pas en direction d'un enseignement supérieur non seulement mis au service des entreprises privées mais lui-même gouverné par une logique capitaliste de rentabilité et de compétitivité. En janvier 2014, la ministre Fioraso affirmait ainsi : « La plupart des universités n'ont pas la culture d'un centre de coûts. Or, si on est autonome, si on gère son budget, on est un centre de coûts et un centre de profits. Il faut qu'elles acquièrent cette culture. [...] Il faut savoir formater une offre et faire payer les factures. Et ne pas considérer que, lorsqu'on fait une prestation pour l'hôpital ou le CNRS, elle doit être gratuite parce qu'on fait partie du service public[18] ! » Les modèles politiques de François Hollande et de Manuel Valls se situant clairement du côté du blairisme[19], c'est-à-dire d'une « gauche » considérant que la tâche de l'État consiste non seulement à corriger les excès ou les dysfonctionnements du marché mais aussi à créer des marchés là où il n'en existe pas[20], on ne saurait oublier que ce sont les travaillistes anglais qui ont le plus œuvré à transformer les universités anglaises en « centres de coûts et de profits ».

Il n'y aurait donc rien de surprenant à ce qu'un tel gouvernement cherche à imposer dans les années à venir un relèvement, voire une libéralisation, des frais d'inscription. Il trouverait pour cela un grand nombre de soutiens au sein du monde académique lui-même. Certains universitaires, à l'instar de Jean-Robert Pitte, ancien président de l'université Paris IV-Sorbonne, ont en effet pris position dans le débat public pour défendre conjointement l'instauration d'une sélection à l'entrée de l'Université et l'augmentation des frais d'inscription[21]. De même, Louis Vogel, ancien président de la Conférence des présidents d'universités (CPU), s'est exprimé pour une « progressivité des droits[22] ». En 2012, la CPU, après avoir chargé l'INSEE d'évaluer l'impact d'un quadruplement des frais d'inscription dans les universités françaises[23], plaide elle aussi pour une hausse des frais d'inscription, oubliant que le meilleur moyen de rendre plus juste le financement de l'enseignement supérieur sans le transformer en service marchand consisterait d'une part à accroître la progressivité de l'impôt (qui finance les établissements) et d'autre part à démocratiser réellement le système d'enseignement de manière à ce que les jeunes d'origine populaire ne soient plus exclus précocement de l'enseignement supérieur comme c'est le cas actuellement.

Ce rêve néolibéral d'un enseignement supérieur payant, fondé sur des relations de fournisseurs à clients, vient de loin. Les expérimentations déjà menées en France ne se réduisent aucunement à une série d'initiatives dispersées et conjoncturelles qui s'expliqueraient par la crise budgétaire et l'accroissement de la dette publique. Ces initiatives s'inscrivent en réalité dans un projet économique et politique plus général porté non seulement par les institutions financières internationales mais aussi et cela est moins connu, par une large frange des élites politiques, économiques et universitaires françaises et européennes, qu'elles appartiennent à la « droite » ou qu'elles se réclament de la « gauche ».

On montrera en outre que la hausse des frais d'inscription ne constitue en rien une solution aux difficultés de financement que rencontrent de nombreuses universités françaises. De même, affirmer que faire peser le financement des études sur les étudiants eux-mêmes constituerait une mesure de justice sociale revient à passer sous silence non seulement les effets inégalitaires prévisibles du renchérissement du coût des études mais aussi l'accroissement des inégalités entre établissements qui naîtront inévitablement de l'inégale « solvabilité » des étudiants qu'ils parviendront à accueillir. Le seul effet que l'instauration de frais d'inscription élevés est assurée de produire tient dans la disciplinarisation des étudiants et des établissements d'enseignement supérieur. Étudiants devenus clients uniquement attentifs aux revenus associés à telle ou telle filière, établissements se muant en « centres de profits », cherchant à attirer les publics issus des familles les plus aisées et proposant des formations sur mesure pour les entreprises : tous seront ainsi contraints, d'une manière d'autant plus insidieuse que cette contrainte prendra la forme impersonnelle des incitations marchandes, à se soumettre à une vision purement utilitariste des savoirs et de leurs métiers.

À l'encontre d'un tel projet, ce livre propose de rendre complètement gratuit le système éducatif, de la maternelle à l'enseignement supérieur, et d'accorder une allocation d'autonomie à chaque étudiant afin qu'il puisse entreprendre et poursuivre ses études sereinement, sans dépendre ni de revenus familiaux par définition fort inégaux, ni d'un emploi salarié qui diminue les chances de réussite. Il offre donc des clés pour bâtir un autre modèle de financement des établissements d'enseignement supérieur et créer des conditions favorables à la poursuite d'études par le plus grand nombre. L'objectif est de supprimer les barrières financières à l'entrée de l'enseignement supérieur et les obstacles à la réussite en son sein, notamment pour les jeunes issus des classes populaires.

Cet ouvrage se donne ainsi un double objectif : d'abord, constituer un petit manuel permettant de déconstruire les idées néolibérales qui visent et justifient le démantèlement d'un système d'enseignement supérieur fondé sur un idéal de service public (quand bien même cet idéal paraît loin de la réalité actuelle) ; ensuite, esquisser la perspective d'une éducation par répartition permettant à la fois de s'attaquer aux inégalités sociales et de favoriser l'autonomisation individuelle. S'il est évident que la gratuité de l'enseignement supérieur et la mise en place d'une allocation universelle d'autonomie ne suffisent pas, en elles-mêmes, à égaliser les chances d'accès et de réussite dans l'enseignement supérieur, elles créent les conditions matérielles d'une telle égalisation et s'inscrivent par ailleurs dans un projet de refondation complète de notre système d'enseignement supérieur marqué par la persistance d'une structure hiérarchique entre filières et établissements et d'une vision traditionnelle des rapports pédagogiques[24].

Si l'on refuse de se laisser enfermer dans le piège d'une discussion purement comptable, c'est qu'il importe de réinscrire la controverse sur le mode de financement de l'enseignement supérieur dans le débat plus large sur le fonctionnement inégalitaire du système éducatif et les formes de ségrégation entre filières d'enseignement, en particulier la division entre grandes écoles et classes préparatoires d'un côté, et universités de l'autre. Accueillant pourtant un public socialement favorisé, les premières bénéficient d'un financement bien supérieur à celui des secondes, qui recrutent davantage parmi les classes moyennes et populaires. Prendre au sérieux le caractère hautement politique du problème du financement de l'enseignement supérieur amènera ainsi à rencontrer, à partir de la question spécifique des frais d'inscription, les thématiques de la démocratisation scolaire, des conditions de vie des étudiants, du système de bourses et d'aides, mais aussi de la progressivité de l'impôt ou de la politique du logement. Sans doute se verra-t-on rétorquer : « qui trop embrasse mal étreint. » Mais à trop vouloir restreindre le champ d'analyse, on en oublie parfois tant le tableau général qui donne sens au problème des frais d'inscription que les enjeux politiques globaux sans lesquels l'écriture de ce livre n'aurait pas valu une heure de peine.

Les propositions que ce livre cherche à populariser ont toutes les chances de se voir opposer l'injonction à la rigueur budgétaire et la nécessité de réduire une dette publique que les gouvernements successifs ont largement créée en renonçant à taxer les entreprises et les ménages les plus aisés ces trente dernières années. À l'heure où politiciens, experts et éditocrates unissent leurs forces pour faire accepter d'amples réductions des dépenses publiques, signifiant pour la majorité de la population des services publics et des conditions de vie dégradés, ce livre propose d'accroître très sensiblement les dépenses consacrées à l'enseignement supérieur et plus largement à l'éducation. D'un ton désolé ou scandalisé, de nombreuses voix s'élèveront donc sans doute, si du moins elles prennent la peine de nous répondre, pour dénoncer l'irréalisme prétendu de nos propositions. En 2014, François Hollande ne s'est-il pas donné pour objectif, à travers son programme de stabilité, de diminuer de 50 milliards d'euros les dépenses publiques d'ici la fin de son quinquennat ? L'Union européenne n'impose-t-elle pas à chaque pays membre de respecter les critères du TSCG (Traité sur la stabilité, la coordination et la gouvernance) et d'« assainir ses finances publiques » ? Pourtant, c'est bien ce même gouvernement qui vient d'offrir – avec les encouragements de la Commission européenne – 41 milliards d'euros aux entreprises, sans que le patronat ne s'engage sur la moindre contrepartie en termes d'emploi[25]. À ceux qui prendront prétexte de la dette publique pour inciter l'État et les universités à rehausser les frais d'inscription et ainsi à faire payer les étudiants, on répliquera qu'il n'est d'impasse que pour ceux qui ne veulent pas avancer. Or, avancer suppose de remettre en cause ce carcan néolibéral et les politiques d'austérité qui condamnent salariés et jeunes à l'appauvrissement et à la discipline aveugle du marché. C'est seulement à ce prix qu'il sera possible d'assumer pleinement des choix de société, notamment celui de réduire les inégalités devant l'école et de faire de l'accès à l'enseignement supérieur un véritable droit visant la satisfaction des besoins sociaux plutôt que la maximisation des profits.

1

Genèses d'une *doxa* néolibérale

LES LABORATOIRES DE LA RÉFORME

Des organisations internationales...

Un juste retour des choses ? Telle pourrait être l'ironie de l'histoire ayant conduit à faire des remèdes néolibéraux et, parmi eux, de la hausse des frais d'inscription, l'alpha et l'oméga de la réforme de l'enseignement supérieur dans les pays dits développés. Si cette potion semble aujourd'hui particulièrement amère aux étudiants et à nombre d'enseignants-chercheurs français, anglais, espagnols, italiens, québécois et même étasuniens, il faut rappeler qu'elle a d'abord été prescrite il y a maintenant près de trente ans aux pays en voie de développement par les « experts » d'organisations internationales installées à Washington et à Paris. La Banque mondiale d'abord, l'Unesco et l'OCDE ensuite, ont en effet été le creuset du sens commun réformateur que partagent aujourd'hui les élites politiques, économiques et universitaires[26].

Marqué par l'élection de Ronald Reagan à la présidence des États-Unis et par la crise de la dette qui éclate au Mexique avant de s'étendre à toute l'Amérique latine puis à d'autres pays en voie de développement, le début des années 1980 voit aussi les institutions financières internationales se convertir aux principes du consensus de Washington. Abandonnant la doctrine keynésienne qui avait pourtant présidé à leur création, ces dernières comptent parmi les plus ferventes annonciatrices du nouvel évangile économique : discipline budgétaire, réforme fiscale, réduction des dépenses publiques, privatisation, dérégulation financière, libéralisation des échanges, défense de la propriété privée, etc.[27]. Or, c'est précisément durant cette période que la Banque mondiale commence à accroître de manière très significative le montant des prêts qu'elle accorde en faveur de l'éducation, au point de devenir bientôt la principale source de financement extérieur de ce secteur dans les pays en voie de développement[28].

Pour accompagner cette extension de son champ d'intervention, l'institution se dote d'une véritable doctrine en matière de réforme des systèmes d'enseignement. Reprenant à leur compte les analyses des pères de la théorie du capital humain (cf. encadré page suivante), les économistes de la Banque mondiale ne vont avoir de cesse de montrer que l'éducation est d'abord et avant tout un investissement, profitable à la fois aux individus et à la société dans son ensemble, et qu'il est possible d'en mesurer la rentabilité, tant individuelle que collective, en appliquant de manière systématique une analyse du type coûts-avantages *(cost-benefit)*. Dans ces conditions, les données du problème sont les suivantes : alors même que l'éducation apparaît comme un levier essentiel de la croissance économique, les pays en développement connaîtraient un sous-investissement éducatif chronique dont les effets seraient renforcés, d'un côté, par l'accroissement constant du nombre de jeunes en âge d'être scolarisés et, de l'autre, par l'augmentation continue du coût de production de l'enseignement. Entraînant une baisse de la dépense par élève et par étudiant, la conjonction de ces trois facteurs conduirait *in fine* à une dégradation de la qualité de l'enseignement.

Cet argument de la pénurie de moyens constitue la base du diagnostic commun à tous les projets de réforme de l'enseignement supérieur. Si celui-ci « est en crise partout dans le monde[29] », le problème réside dans l'inadaptation des systèmes de financement. Tout l'enjeu pour la Banque mondiale consiste alors à proposer un ensemble de mesures permettant d'augmenter la part de la richesse nationale consacrée à l'éducation et d'allouer ces ressources nouvelles de la manière la plus efficace et la plus rationnelle possible. Cela étant, il n'est évidemment pas question de préconiser une hausse des dépenses de l'État ou la mise en place d'un nouveau régime de financement public : cela reviendrait à poursuivre une chimère. En effet, pour la Banque mondiale, la contrainte budgétaire et le niveau d'endettement public, qui reviennent comme un leitmotiv dans tous les rapports qu'elle publie à partir des années 1980, constituent un état de fait indépassable dont la remise en cause est inimaginable dans le cadre de la *doxa* néolibérale. Le cadre du pensable étant posé, reste donc à délimiter l'espace des possibles.

LE CAPITAL HUMAIN

La théorie du capital humain est née à la fin des années 1950 et s'est développée au début des années 1960 sous l'impulsion d'économistes néoclassiques tels que Jacob Mincer, Theodor W. Schultz et Gary Becker. Qualifiée par Becker lui-même d'impérialisme économique, leur démarche consiste à étendre le modèle de l'*homo œconomicus* rationnel à l'analyse de comportements humains qui ne relèvent pas *a priori* du marché. Prolongeant des réflexions anciennes en économie sur la mesure de la valeur des individus et la transposition du concept de capital à l'homme lui-même, leurs travaux ont en commun un postulat fondamental : il existe toute une série d'activités personnelles de nature très diverses (l'éducation, la formation sur le tas, les soins du corps – qu'ils soient à visée médicale ou esthétique –, l'information, etc.) qui peuvent être considérées comme un investissement permettant aux agents économiques d'accumuler un stock de ressources privées dont ils pourront, dans le futur, tirer des profits individuels à la fois monétaires – en augmentant leurs revenus – et non monétaires – en accroissant leur niveau de bien-être. De tels travaux prétendent donc décrire un *processus d'accumulation et de valorisation* de ressources ayant des propriétés tout à fait spécifiques : tout en étant intrinsèquement attachées à la personne elle-même, elles peuvent également remplir des fonctions économiques semblables à celles de n'importe quel capital matériel. Dès lors, on comprend que ces travaux décrivent aussi ce qui est fondamentalement un processus d'*incorporation* et de *subjectivation*. Ici, l'accumulation et la valorisation passent en effet nécessairement par un travail sur soi par lequel l'individu va chercher à se transformer profondément, que ce soit sur le plan physique, cognitif ou psychologique.

Bien qu'elles aient l'ambition de s'appliquer à de très nombreuses activités humaines, c'est cependant en matière d'éducation que les théories du capital humain ont trouvé leur terrain d'application privilégié. Les choix scolaires sont alors considérés comme le simple produit du calcul d'un *homo œconomicus* rationnel comparant les coûts (présents) et les rendements (futurs) des différentes opportunités d'orientation qui s'offrent à lui. La théorie du capital humain attribue donc une valeur marchande à l'éducation dans la mesure où celle-ci y est d'abord et avant tout décrite comme un moyen pour chaque individu, pris isolément, d'accroître sa productivité et ses revenus. Largement diffusées par les institutions internationales, de telles analyses conduisent de fait à considérer les établissements scolaires, notamment au niveau de l'enseignement supérieur, comme des entreprises offrant un service particulier, la formation *(training)*, à des clients prêts à payer pour acquérir des compétences qu'ils pourront ensuite monnayer sur le marché du travail.

Pour ce faire, la Banque mondiale part du postulat suivant : l'écart entre la rentabilité individuelle (ou privée) et la rentabilité sociale de l'éducation est beaucoup plus grand au niveau de l'enseignement supérieur qu'au niveau de l'éducation de base. Bien qu'elle soit justifiée à grand renfort de calculs statistiques dont la sophistication technique n'a d'égal que la fragilité empirique et conceptuelle[30], l'idée est simple : grâce à leurs nombreux effets indirects (réduction de la pauvreté, diminution de la mortalité infantile, amélioration de l'état de santé général de la population, baisse de la criminalité, progrès de la démocratie, émancipation des femmes, etc.), les dépenses en faveur de l'éducation primaire et, dans une moindre mesure, secondaire, profitent d'abord à la société dans son ensemble et non aux seuls individus scolarisés. Au contraire, plus on s'élève dans le système d'enseignement, plus ces bénéfices collectifs de l'investissement éducatif s'atténuent, au point que la relation entre rentabilité sociale et rentabilité privée finit par s'inverser. Ainsi, l'argent public investi dans l'enseignement supérieur profiterait d'abord aux étudiants, pris individuellement, en leur permettant d'augmenter significativement leurs revenus futurs.

Devenue aujourd'hui un lieu commun de l'économie de l'éducation, une telle analyse a permis à la Banque mondiale de justifier un ensemble de préconisations au nom d'un seul et même principe très simple : à rendement social, financement public, à rendement individuel, financement privé. Elle en vient ainsi à recommander vivement aux pays engagés dans des plans d'ajustement structurel de concentrer la dépense publique sur l'éducation de base, primaire et secondaire. Dans ces conditions, l'accroissement du financement privé de l'enseignement supérieur est présenté comme une nécessité absolue. Pour y parvenir, la Banque mondiale propose d'agir sur un ou plusieurs leviers simultanément : l'essor pur et simple de l'enseignement supérieur privé ; le développement du financement privé des établissements d'enseignement supérieur publics et de leurs activités à but lucratif (fourniture de services éducatifs marchands, formation continue, enseignement à distance, contrats de recherche avec des entreprises, etc.) ; et, *last but not least*, le *cost-sharing*, c'est-à-dire le partage du coût des études supérieures entre l'État et les étudiants au moyen d'une hausse significative des frais d'inscription. Corollaire obligatoire de cette dernière option, la Banque mondiale préconise enfin la mise en place d'un système de prêts et le développement d'un marché du crédit spécifique : il s'agit de solvabiliser la demande d'éducation en permettant aux étudiants de financer leurs études en recourant à l'endettement. Fixé dès la deuxième moitié des années 1980, ce cap politique directement issu de l'économie de l'éducation et de la théorie du capital humain ne va cesser d'être réaffirmé de rapport en rapport et de colloque en colloque. Indiquant la direction à suivre aux pays en voie de développement, il ne devient un élément de l'avenir probable de tous les systèmes d'enseignement supérieur qu'à partir de la fin des années 1990.

Dans une période marquée par une croissance relativement forte et par le développement des nouvelles technologies censées annoncer l'avènement de la « nouvelle économie », ce n'est alors pas (encore) la crise de la dette qui justifie la réforme de l'enseignement supérieur mais bien la mise en valeur du rôle de la connaissance et de l'innovation dans le fonctionnement du capitalisme contemporain. Préparée par une série de rapports de la Banque mondiale[31], de l'Unesco[32], de l'OCDE[33] et de la Commission européenne[34], la première Conférence mondiale sur l'enseignement supérieur organisée à l'Unesco en 1998 constitue à la fois la consécration de cette nouvelle problématisation et le début d'un mouvement réformateur qui va toucher cette fois les pays les plus avancés économiquement[35]. Alors que, dans les années 1960, les institutions internationales pouvaient donner en exemple la France et l'Union soviétique, ce sont cette fois les États-Unis qui sont érigés en modèle. Fondé sur un réseau d'établissements diversifiés bénéficiant d'une autonomie administrative et financière, sur l'implication de personnalités extérieures dans les conseils d'administration, sur l'importation d'outils de gestion managériale, sur des coopérations poussées avec les entreprises pour la production, le transfert et la valorisation de la connaissance, ainsi que sur l'importance des contributions financières directes des entreprises et des étudiants, leur système d'enseignement supérieur et de recherche permettrait en effet aux États-Unis d'atteindre un niveau d'investissement inégalé en recherche et développement et d'en tirer tous les bénéfices en termes de croissance, de compétitivité et d'emploi. Si la consécration de ce modèle par les institutions internationales lui confère indéniablement une légitimité certaine, on ne comprendrait toutefois pas son importation en France sans mettre en évidence ses relais actifs et influents situés à l'intersection du champ politique et du champ de la « science » économique.

… au ministère de l'Enseignement supérieur

Parmi ces défenseurs zélés, Philippe Aghion mérite assurément une place à part. Petit-fils de riches banquiers égyptiens, fils d'un marchand d'art communiste et de la fondatrice de la marque de prêt-à-porter de luxe Chloé, cet ancien élève de l'École normale supérieure de Cachan se prévaut en effet volontiers de sa connaissance des systèmes universitaires propres aux pays anglophones, dont il vante les mérites *ad nauseam.* Il n'en connaît pourtant – pour les avoir fréquentés – que les établissements les plus prestigieux. Après avoir obtenu son doctorat d'économie à Harvard, il a en effet enseigné au MIT, à Oxford et à l'University College de Londres – tout en travaillant au sein de la

Banque européenne pour la reconstruction et le développement – avant d'être nommé professeur titulaire à Harvard. Consacré aux États-Unis pour ses travaux sur le rôle de l'innovation dans la croissance, c'est à lui, ainsi qu'à Élie Cohen – plus connu pour son omniprésence médiatique que pour son travail d'économiste et dont on ignore trop souvent l'activité d'administrateur de grandes entreprises (France Télécom, Orange, Pages Jaunes, EDF Énergie nouvelle, Steria) – que s'est adressé le Conseil d'analyse économique[36] pour l'élaboration d'un rapport sur le thème « Éducation et croissance ».

Rendu à Jean-Pierre Raffarin en juillet 2003, ce rapport fait date en fixant pour les dix ans à venir les termes du débat sur la réforme de l'enseignement supérieur. Les acquis des « nouvelles théories de la croissance », l'interprétation rapide, pour ne pas dire malhonnête, de quelques chiffres bien choisis ainsi qu'une poignée de citations d'un article de magazine y justifient le constat alarmiste d'un décrochage français en matière de recherche et d'innovation. Sur la base d'un diagnostic aussi sombre que mal fondé, la principale conclusion des auteurs est qu'il faut « investir plus en éducation supérieure si nous voulons stimuler notre croissance de long terme et poursuivre notre convergence vers le niveau de productivité américain[37] ». Important ainsi dans le débat public français l'idée selon laquelle la crise de l'enseignement supérieur serait d'abord due à un problème de financement (ou plutôt d'investissement), Aghion et Cohen en viennent à poser ouvertement la question de la gratuité des études supérieures. Avec le développement des activités commerciales, la hausse des frais d'inscription leur apparaît en effet comme le meilleur moyen d'augmenter les ressources financières des établissements d'enseignement supérieur et de tendre vers leur autofinancement. Mais les mérites de la hausse des frais d'inscription ne s'arrêtent pas là. Convaincus du caractère vertueux des mécanismes de marché, les auteurs en font un des leviers essentiels pour rendre les établissements véritablement autonomes. Ils seraient alors à même de recruter et de rémunérer librement leurs enseignants, de sélectionner leurs étudiants, d'entrer en concurrence les uns avec les autres et, *in fine*, d'être plus efficaces. Faire payer (cher) les étudiants serait enfin un bon moyen de les responsabiliser, autrement dit de les discipliner.

Bien conscients que chacun de ces changements suffirait à « embraser l'université[38] », Aghion et Cohen poussent l'hypocrisie jusqu'à mettre en garde contre l'idée d'une mise en œuvre simultanée et transparente de leurs propositions : « pour éviter de se heurter à un front de résistance interne et externe qui conduirait à l'échec, la réforme doit être menée pas à pas, sans proclamation tonitruante[39]. » Sur une dizaine de pages, ils livrent alors clés en main une stratégie réformatrice, fascinante à relire dix ans plus tard tant elle décrit avec précision l'ensemble des évolutions qu'a effectivement connu l'enseignement supérieur. Ainsi la hausse massive et généralisée des frais d'inscription est-elle écartée au profit d'expérimentations limitées qui permettront de préparer les esprits à ce qui est jugé inévitable. Devenu conseiller de Geneviève Fioraso après avoir été celui de Valérie Pécresse (preuve d'ailleurs du caractère consensuel au sein des élites politiques de la *doxa* néolibérale), Aghion recommande la même stratégie des petits pas : attendre d'avoir parachevé la réforme initiée par la loi LRU[40] avant de mettre sur la table la hausse des frais d'inscription[41].

Mis en chantier dans les années 1980 au sein des organisations internationales, l'argumentaire en faveur d'une transformation radicale du système d'enseignement supérieur fondée sur une hausse massive des frais d'inscription est donc fin prêt dès le milieu des années 2000. Preuve que ce travail de longue haleine commence à porter ses fruits, ce sens commun réformateur trouve un début de mise en pratique avec la loi LRU élaborée par Valérie Pécresse. Cependant, par prudence politique et pour obtenir le soutien de l'Unef, le principal syndicat étudiant, la ministre choisit de ne pas mettre sur la table la question des frais d'inscription (pas plus que celle de la sélection d'ailleurs). La crise financière de 2008 change radicalement la donne. Alors que, comme dans les pays en voie de développement dans les années 1980, le niveau de la dette publique est présenté comme un problème politique de premier plan et que plusieurs universités « autonomes » rencontrent d'énormes difficultés financières, la question du financement de l'enseignement supérieur devient de plus en plus pressante.

Dans ce contexte, c'est précisément l'invocation de la justice sociale qui sert alors de principe de justification à la hausse des frais d'inscription (cf. *infra*). Repris par l'institut Montaigne, *think tank* néolibéral qui affirme conformément à sa raison d'être que « la gratuité des études supérieures est facteur d'inefficacité et surtout d'injustice[42] », l'argument est surtout développé et diffusé au sein d'une nébuleuse réformatrice sociale-démocrate dont les membres occuperont des postes clés après les victoires du Parti socialiste aux élections présidentielle et législatives de 2012. Pivot de cette nébuleuse, le *think tank* Terra Nova – dont le conseil d'orientation regroupe Philippe Aghion, Élie Cohen et Éric Maurin – entend bien peser de tout son poids tant dans la campagne électorale que sur la ligne politique d'un futur gouvernement socialiste. C'est ainsi qu'il confie à Yves Lichtenberger et Alexandre Aïdara la responsabilité d'un rapport sur l'enseignement supérieur auquel participe également Jean-Yves Mérindol. Déplorant « une forme de tabou qui interdit tout débat », les auteurs y affirment à leur tour que « la quasi-gratuité des études supérieures est source d'inégalités fortes » et prônent donc « une hausse modérée et étalée dans le temps des droits d'inscription : un triplement des droits d'inscription en licence et un quadruplement en master et en doctorat sur 5 ans »[43]. Autre composante essentielle de cette nébuleuse, la CPU entend elle aussi apporter sa contribution au débat. Dans un document de travail rendu public en septembre 2011 et signé par le président de l'université de Limoges Jacques Fontanille, elle soutient à son tour que « la structure globale du financement de l'ESR [l'enseignement supérieur et la recherche] en France aboutit à une "taxation régressive", ce qu'on peut traduire par "ceux qui profitent le plus de l'ESR en tirent un bénéfice économique largement supérieur au montant de leur contribution"[44] ».

Pour l'aile marchante et décomplexée des élites socialistes, la cause est donc entendue. Or, ce sont précisément ses représentants qui, après la victoire de François Hollande, vont investir les principaux lieux de pouvoir où se décide l'avenir de l'enseignement supérieur. Ancien dirigeant du SGEN-CFDT, ancien président de l'université de Strasbourg et ancien conseiller de Bertrand Delanoë, Jean-Yves Mérindol est nommé conseiller du président de la République pour l'enseignement supérieur et la recherche. Économiste de formation, ancien permanent de la CFDT et engagé auprès de Martine Aubry pendant les primaires, Yves Lichtenberger devient directeur de programme au Commissariat général à l'investissement. Centralien et énarque en poste au Conseil d'État, Alexandre Aïdara rejoint quant à lui le cabinet de Geneviève Fioraso en tant que conseiller juridique. Il y côtoie Lionel Collet et Jacques Fontanille, respectivement ancien président et vice-président de la CPU. Directeur du cabinet de la ministre, le premier quittera ses fonctions en septembre 2013 pour rejoindre le confort doré et feutré du Conseil d'État et sera alors remplacé par le second.

Formalisé au sein d'organisations internationales telles que la Banque mondiale, l'OCDE, l'Unesco et la Commission européenne, importé en France par quelques économistes ayant foi dans les vertus des mécanismes de marché, de la concurrence et du choix rationnel, le programme réformateur dont on vient de retracer la généalogie dispose donc désormais de relais influents au cœur de l'appareil d'État. Cela étant, on ne comprendrait pas la profusion et l'accélération actuelles des prises de position en faveur de la hausse des frais d'inscription sans voir qu'elles sont concomitantes de la multiplication des discours invoquant la crise de l'enseignement supérieur pour mieux justifier sa financiarisation.

UN DISCOURS DE CRISE POUR JUSTIFIER LA FINANCIARISATION

Il est rare qu'un article de journal, un reportage télévisé ou un débat radiophonique portant sur l'enseignement supérieur, et plus particulièrement sur l'Université, ne fasse référence à sa « crise », véritable lieu commun de la vision médiatico-politique de l'institution. Le consensus apparent qui sous-tend l'emploi généralisé d'une catégorie aussi floue est d'autant plus pernicieux que sont ainsi masquées les divergences réelles concernant la nature et les causes de cette « crise », postulée davantage que constatée. Ce discours crisologique n'a d'ailleurs pas pour principale fonction de nommer les difficultés ou de comprendre les contradictions de l'Université contemporaine. Comme le dit un proverbe populaire, « qui veut noyer son chien l'accuse de la rage ». De la même manière qu'est sans cesse invoqué un prétendu « trou de la Sécu[45] » pour justifier le démantèlement d'un système de protection sociale qui n'a jamais cessé d'être perçu par le patronat, depuis sa mise en place en 1945, comme un manque à gagner, c'est en répétant partout et sur tous les tons que l'Université publique est en crise que l'on peut justifier n'importe quelle réforme. Peu importe finalement leurs orientations : par la dramatisation, il s'agit d'abord et avant tout d'imposer comme une évidence la nécessité absolue de transformations radicales.

C'est ainsi qu'au plus fort du mouvement social de 2009 contre le décret modifiant le statut des enseignants-chercheurs, un certain nombre d'universitaires lancent un « appel à refonder l'Université française » qui s'ouvre sur un constat posé comme indiscuté et indiscutable : « Il est désormais évident que l'Université française n'est plus seulement en crise. Elle est, pour nombre de ses composantes, à peu près à l'agonie[46]. » Un numéro spécial de la *Revue du MAUSS* (Mouvement anti-utilitariste dans les sciences sociales) qui paraît au même moment est l'occasion d'enfoncer le clou. Sobrement intitulé « L'Université en crise. Mort ou résurrection ? », il permet à ceux que l'on appellera bientôt « les refondateurs » de réaffirmer sur tous les tons que « la crise de l'Université française est aujourd'hui patente pour toutes les parties concernées[47] » ou encore que « l'Université française connaît aujourd'hui une crise sans précédent[48] ». S'il est nécessaire de revenir sur ce discours et de le déconstruire, c'est qu'une large partie de l'adhésion à l'augmentation des frais d'inscription dérive de cette conviction profondément enracinée : paupérisée et massifiée, l'Université subirait une crise sans précédent qui la contraindrait à remettre en cause deux de ses fondements essentiels, l'absence de sélection à l'entrée et la quasi-gratuité.

Pourtant, « l'Université n'est pas en crise »

Sous un intitulé résolument provocateur, *L'Université n'est pas en crise*, un livre récent a pourtant mis en garde contre les effets politiques délétères de cette « rhétorique “crisologique” » et en a méthodiquement démonté les prétendus fondements objectifs[49]. Contrairement à la « vision duale » généralement véhiculée par les partisans d'une sélection à l'entrée des universités, l'enseignement supérieur ne saurait en effet être réduit à un segment sélectif (regroupant en fait des filières aussi différenciées, socialement et scolairement, que les STS – sections de techniciens supérieurs –, les IUT – instituts universitaires et technologiques –, les classes préparatoires et les grandes écoles) auquel s'opposerait une Université ouverte à tous et toutes et ainsi réduite au rôle de « voiture-balai de l'enseignement supérieur[50] ». À l'opposé de cette vision, il faut rappeler que ce sont bien les STS qui accueillent la majorité des étudiants les moins dotés en capital scolaire et le plus souvent issus des classes populaires[51]. Si l'on peut distinguer deux « sous-marchés » au sein de l'enseignement supérieur, le clivage social et scolaire s'effectue donc non pas entre filières sélectives et filières ouvertes mais bien entre celles qui accueillent en majorité des bacheliers généraux et celles qui reçoivent plutôt les bacheliers technologiques (auxquels il faudrait ajouter les bacheliers professionnels plus nombreux à poursuivre leurs études dans les années récentes, en raison notamment de l'augmentation du chômage)[52].

De plus, l'omniprésence du discours de crise conduit à manquer la variété des processus et des ressorts de ce qu'on appelle l'« abandon », catégorie administrative désignant les étudiants qui ne se réinscrivent pas dans la même université l'année suivante. Quoi de commun, par exemple, entre un titulaire d'un bac économique et social (ES) qui « abandonne » en fin de licence 1 de sociologie parce qu'il est parvenu à intégrer une école régionale du travail social ; un bachelier diplômé d'un bac sciences et techniques de gestion (STG) qui redouble en première année de licence d'administration économique et sociale (AES) et qui se réinscrit dans une autre université pour bénéficier d'un encadrement différent ; et une bachelière professionnelle en structures métalliques qui « abandonne » en cours d'année parce qu'elle a (enfin) trouvé un emploi en lien avec sa formation ?

Mais l'idée de crise, parce qu'elle sous-entend une rupture avec le cours ordinaire des choses, rend également aveugle au caractère structurel et ancien du phénomène des « échecs » et réorientations en cours d'études universitaires. Le taux de non-réinscription connaît ainsi une extrême stabilité non seulement sur la période allant de 1996 à 2011 (autour de 25 %), mais aussi depuis les années 1960. « Contrairement à ce que laissent croire les topiques institutionnels et l'orientation des discours ministériels, force est de constater que le phénomène est tout sauf nouveau et qu'il se maintient indépendamment des transformations du profil des étudiants ou de leur vécu en première année[53]. » Que vaut la notion de « crise » lorsque les faits dont elle prétend rendre compte se prolongent assez longtemps pour ne plus apparaître conjoncturels ? Au passage, on peut également souligner qu'en France, le taux d'« abandon » se situe en dessous de la moyenne des pays de l'OCDE et que la proportion d'étudiants qui sortent du système universitaire sans y obtenir de diplômes est inférieure au niveau atteint aux États-Unis, en Italie ou, dans une moindre mesure, en Allemagne[54]. On ne peut dès lors que s'étonner de constater à quel point les responsables politiques et les chercheurs reconnus comme experts n'ont pas cessé – depuis au moins un demi-siècle – de décréter la « crise de l'Université » pour mieux se poser en sauveur d'une institution réputée à la dérive ou en faillite.

Enfin, du point de vue de l'insertion professionnelle, il faut redire encore et toujours que les diplômes universitaires continuent – d'ailleurs plus que jamais en temps de crise – à offrir une protection contre le chômage, du moins si on les compare non aux titres que l'Université décernait avant la seconde explosion scolaire[55] (quand seulement un tiers d'une classe d'âge parvenait au baccalauréat), mais aux diplômes de l'enseignement secondaire, notamment professionnels (CAP, BEP, baccalauréat professionnel)[56]. Ainsi, selon l'enquête « Génération » du Cereq qui suit une cohorte sortie en 2010 du système éducatif, 12 % des titulaires d'un master étaient au chômage trois ans après, contre 14 % pour les titulaires d'une licence, 20 % pour les bacheliers professionnels et technologiques, 32 % pour les titulaires d'un CAP ou d'un BEP et 48 % pour les non-diplômés. De plus, on retrouve le même type d'écarts si l'on retient comme indicateurs les niveaux de salaires, l'accès à un CDI ou à un emploi à temps plein.

« Mais si ! L'Université est en crise et la crise s'aggrave »

Manifestement sourds (ou volontairement aveugles) à tous les arguments et à toutes les preuves empiriques qui pourraient aller à l'encontre de leurs prises de position, les trois principaux animateurs du cercle des « refondateurs » (Alain Caillé, François Vatin et Olivier Beaud[57]) réagissent à ces arguments par une tribune dont l'intitulé – *« Mais si ! L'université est en crise et la crise s'aggrave »* – traduit bien leur incapacité à se départir de leurs prénotions sur l'enseignement supérieur et l'Université. Ne prenant même pas la peine de discuter les éléments objectifs qui peuvent leur être opposés, ils se contentent en effet d'y répéter ce qu'ils ressassent depuis maintenant plus de cinq ans : « La crise de l'université est patente. [...] De quelque manière que l'on prenne les choses (la désaffection du public, la situation budgétaire, la qualité des formations), l'université française apparaît donc bien en crise. [...] Il est grand temps de penser à une réforme globale de l'enseignement supérieur qui remette à plat l'ensemble du processus de sélection orientation après le baccalauréat afin que l'université ne soit plus la voie par défaut pour les bacheliers[58]. »

Si une telle obstination à ne pas vouloir regarder la réalité avec un œil objectif peut surprendre chez des universitaires, elle a néanmoins le mérite de donner à voir la vérité sociale-conservatrice de leur diagnostic de crise et de leurs prises de position : l'Université ne pâtirait, pour l'essentiel, ni des réformes néolibérales qui assurent la mise en concurrence, ni des politiques d'austérité budgétaire qui diminuent les moyens, ni de la généralisation de la précarité (des étudiants et des personnels[59]), mais bien de la pression croissante que feraient peser des bacheliers trop faiblement sélectionnés en amont, notamment ceux issus des filières technologiques et professionnelles (cf. encadré ci-dessous). Bien que ces bacheliers s'orientent généralement vers les formations de l'enseignement supérieur court (IUT et surtout STS[60]), les « refondateurs » ne voient qu'une seule véritable solution à la crise : instaurer un dispositif de sélection et d'orientation à l'entrée de l'Université. Et ce n'est qu'en gardant ce credo présent à l'esprit que l'on peut comprendre leurs prises de position sur le financement des universités.

« L'UNIVERSITÉ ET SES PERTURBATEURS » : LES CAUSES DE LA « CRISE » SELON FRANÇOIS VATIN
(EXTRAIT DE *REFONDER L'UNIVERSITÉ*, *OP. CIT.*, P. 57-58)

« Les gouvernements qui se sont succédé depuis la montée du chômage des jeunes à la fin des années 1970 n'ont pas manqué de faire usage de l'instrument, au final peu coûteux, que constituait l'Université pour endiguer le flux statistique de jeunes chômeurs. On a, au début des années 1980, créé tout un secteur dit d'« insertion sociale et professionnelle » pour accueillir les jeunes sortis du système scolaire sans le baccalauréat; l'Université a eu la charge de s'occuper de ceux qui avaient le baccalauréat. On a fait mine de se choquer des taux ahurissants d'échec en premier cycle de certains types de bacheliers techniques ou professionnels, alors même que ces baccalauréats n'avaient jamais été conçus en vue de la poursuite d'études universitaires. [...] Certes l'État distribuait parcimonieusement ses moyens, mais la croissance des effectifs entraînait toutefois la création de postes d'enseignants-chercheurs. Or l'Université, soumise par le bas à un afflux d'étudiants dont une très large part était éliminée dès le premier cycle, conservait, par le haut, le monopole de la formation d'excellence : celle du troisième cycle doctoral qui pouvait conduire au métier d'enseignant-chercheur. Le gonflement artificiel de l'Université en termes d'effectifs étudiants « de base », en offrant des postes aux docteurs de l'Université, permettait donc aussi le développement de son secteur doctoral et de la recherche qui y était associée. Ainsi, jusqu'au milieu des années 1990, le développement de formations supérieures concurrentes de l'Université et le phénomène de sélection négative à l'entrée à l'Université qui en résultait, n'a pas empêché l'Université de se développer, pas simplement quantitativement, mais aussi qualitativement. [...] C'est une inflexion démographique qui a fait entrer l'Université française dans une crise ouverte. Elle date, précisément, du milieu des années 1990, quand les classes d'âge sorties des lycées ont cessé de croître sous l'effet, du tassement démographique global d'une part, de l'épuisement de la politique de « démocratisation » de l'enseignement secondaire (« 80 % d'une classe d'âge au bac ») d'autre part, et ceci malgré la création des baccalauréats professionnels. Autrement dit, le nombre global de bacheliers s'est stabilisé et, parallèlement, la « qualité » des bacheliers, au regard des critères universitaires, a baissé avec la croissance du nombre de bacheliers technologiques et professionnels. De plus, le taux de poursuite d'études des bacheliers s'est réduit, même pour les titulaires d'un bac général. »

Farouches partisans de la sélection, ils ont d'abord fait preuve d'une certaine retenue quant à la possibilité d'une hausse des frais d'inscription, cette mesure étant appelée au second plan. Ainsi plaidaient-ils en 2009-2010 pour une « augmentation et une multiplication des sources de financement[61] » dont la hausse des frais d'inscription serait l'un des leviers, à la condition que les étudiants puissent bénéficier d'un « capital-étude » et d'un accès plus facile à l'endettement. De mise il y a encore quelques années, cette retenue ne semble aujourd'hui plus l'être chez les « refondateurs ». Les difficultés financières croissantes que connaissent bon nombre d'universités les ont depuis conduits à se rallier à l'idée d'une augmentation inévitable des frais d'inscription. À leurs yeux, celle-ci aurait en effet le mérite de décourager, de « désinciter » comme le disent les économistes, les étudiants les plus faibles scolairement (mais aussi le plus souvent issus des classes populaires) à s'inscrire à l'Université, accentuant une sélection sociale et scolaire qui opère déjà tout au long des cursus.

C'est ce qu'exprime sans ambages François Vatin en expliquant qu'« une telle augmentation pourrait participer à la revalorisation symbolique de l'université, compte tenu du discrédit qui s'attache dans notre société au "gratuit" » et qu'elle aurait « un effet dissuasif sur les nombreuses inscriptions "fictives" [...] : inscriptions pour des raisons sociales (sécurité sociale étudiante, bourses sur critères sociaux) – mais à condition que les boursiers n'en soient pas exonérés ! –, inscriptions pour obtention et maintien de titres de séjour pour les étrangers, inscriptions pour bénéficier de contrats de stages dérogatoires du droit du travail de la part des entreprises »[62]. Olivier Beaud quant à lui va plus loin. Dans une tribune publiée en juin 2014, il fait de la hausse des frais d'inscription la condition *sine qua non* d'une véritable autonomie des universités, à égalité avec la possibilité de choisir librement leurs étudiants : « Les conditions d'une véritable autonomie sont doubles. [...] Chaque université doit pouvoir décider librement de fixer les conditions d'entrée dans ses cursus [...], seule manière d'obtenir à terme un financement des universités par le secteur privé, qui est la condition indispensable de survie des établissements publics. [...] La seconde mesure d'autonomie est de desserrer l'étreinte de l'État sur les universités [...]. Si les universités obtenaient enfin le droit d'augmenter les droits d'inscription, proportionnellement aux revenus de chacun, elles pourraient être plus indépendantes des oukases de l'État et adopter une politique plus appropriée pour leurs étudiants et, par voie de conséquence, pour la nation[63]. »

Les refondateurs renouent ainsi avec un vieux thème éculé de la rhétorique réactionnaire. Dès les années 1960 au moins, et malgré le caractère très mesuré de cette première ouverture de l'Université à des jeunes qui en étaient auparavant peu ou prou exclus, l'arrivée de ce que nombre de sociologues appellent pudiquement les « nouveaux publics » – pour ne pas avoir à nommer les étudiants appartenant aux classes populaires – est décrite en termes de crise de l'institution. Rien d'étonnant à cela : les fractions conservatrices des classes dominantes n'ont jamais cessé de déplorer les politiques publiques tendant à l'extension des études à des segments élargis de la population par peur des conséquences potentiellement subversives d'une « invasion » des « masses » dans des institutions qui leur étaient autrefois interdites.

Mais comment expliquer le ralliement d'une très large frange des enseignants-chercheurs à ces prises de position fondamentalement réactionnaires ainsi que l'écho positif que recueillent auprès d'eux les appels au durcissement de la sélection – soit en tant que telle, soit par le truchement d'une augmentation des frais d'inscription ? Tout se passe comme si, en contradiction manifeste avec l'idéal d'universalité de l'Université publique, ils voyaient l'arrivée de ces « nouveaux publics » davantage comme une menace pour le prestige de la profession que comme la possibilité d'une démocratisation effective de l'accès aux savoirs scientifiques. Mais surtout, il faut souligner à quel point nombre d'entre eux, purs produits d'une institution concurrentielle et notamment de ses formations élitistes, ont intériorisé les injonctions à l'« excellence » et à la mise en concurrence (des élèves, des chercheurs, des établissements, etc.). Compte tenu de l'histoire de la profession, des dispositions qu'elle valorise et des modes de socialisation auxquels elle a recours, un tel état d'esprit est sans aucun doute profondément enraciné chez bon nombre d'*homo academicus.* Il faut néanmoins insister sur ce que sa vivacité actuelle doit aussi aux instruments de quantification de l'activité universitaire et des performances des établissements qui se sont développés depuis une dizaine d'années.

Ces instruments contribuent en effet de manière décisive à faire exister un marché mondial de l'enseignement supérieur fondé sur la compétition internationale. Dans les luttes qui ont pour objet le monopole de la vision légitime de l'Université et de ses difficultés, ces classements – en particulier celui dit « de Shanghai » – ont un rôle qu'on ne saurait minimiser, puisque la neutralité apparente du chiffre garantit l'occultation des ressorts et des effets éminemment politiques d'une telle quantification. Comme l'avance Fabien Éloire, le classement de Shanghai a ainsi un caractère performatif, puisqu'il « impose, hors de tout débat démocratique, une vision normative de ce qu'est une "bonne" université[64] ». Peu importe semble-t-il que le vice-président de l'université de Shanghai puisse lui-même déclarer que le classement « n'a de sens que pour comparer les universités américaines, britanniques, chinoises et japonaises » et qu'il « ne rend pas justice aux universités françaises ou allemandes car leurs systèmes sont complètement différents »[65]. À l'instar de l'importation dans le secteur public des techniques de *benchmarking* tant vantées par les milieux patronaux[66], une telle mise en statistiques fonctionne comme une mise en concurrence : il devient primordial de « tenir son rang » au niveau mondial et d'essayer de rattraper les universités étasuniennes. Dans cette perspective, et compte tenu du « retard », voire de la « faillite », des universités françaises que ne manquent pas de révéler de tels outils, on peut comprendre que la sélection et la hausse des frais d'inscription apparaissent à beaucoup d'universitaires, inquiets de cette nouvelle misère de position qui semble les menacer[67], comme l'unique solution pour espérer pouvoir jouer dans la cour des grands et tirer leur épingle du jeu dans cette course de tous contre tous.

Que l'on se focalise sur les laboratoires de la réforme ou sur les usages politiques d'une rhétorique de crise, revenir sur les processus de légitimation de cette entreprise de transformation radicale de l'enseignement supérieur et de ses modes de financement permet d'expliquer pourquoi celle-ci s'impose aujourd'hui avec une telle évidence. Cela étant, on s'interdirait d'en comprendre toute la force sociale et politique si l'on ne rappelait pas qu'elle peut s'appuyer sur un socle de travaux économiques qui lui confèrent une véritable caution scientifique.

AU NOM DE LA SCIENCE (ÉCONOMIQUE, BIEN SÛR)

Omniprésents dans le débat public comme dans le champ politico-bureaucratique, les économistes ont également investi la question du financement de l'enseignement supérieur d'un point de vue savant, en mobilisant les théories et les méthodes dominantes dans le champ académique. Sur la base de modèles et d'analyses statistiques dont la sophistication technique cache mal les visées fondamentalement normatives, il ne s'agit alors plus seulement de justifier la nécessité d'une hausse des frais d'inscription, mais bien d'étudier les effets d'une telle mesure et d'apporter la preuve scientifique de son efficience.

Alors que cette question suscite depuis longtemps un intérêt dans la littérature anglophone, les économistes français ne s'en emparent véritablement que dans le courant des années 2000. C'est en effet en 2004 que deux illustres évangélistes, Robert Gary-Bobo et Alain Trannoy, respectivement professeur à l'École nationale de la statistique et de l'administration économique (ENSAE) et directeur de l'Aix-Marseille School of Economics (en anglais dans le texte), commencent à courir séminaires et symposiums de par le monde pour présenter les premières conclusions de recherches entamées quelques années auparavant. Prenant acte de l'état de crise financière dans lequel se trouvent les universités publiques, en omettant bien sûr d'en interroger les causes structurelles et de pointer le désengagement des États, ils ne peuvent que partir du constat que « l'augmentation des frais d'inscription apparaît comme un remède naturel[68] ». Mobilisant plus d'une quarantaine d'équations, leur modèle théorique doit alors leur permettre de résoudre un problème laissé en friche par la science économique. Il s'agit en effet de déterminer le niveau optimal des frais d'inscription en fonction d'hypothèses aussi réalistes que « le salaire d'un travailleur est constant tout au long de sa vie », « les agents n'épargnent pas », « un agent qui n'étudie pas reste travailleur non qualifié toute sa vie », les universités poursuivent de manière exclusive soit des objectifs « philanthropiques » soit « cyniques », « les étudiants sont des maximisateurs rationnels d'une utilité espérée»[69], etc. Le formalisme mathématique n'étant peut-être pas le meilleur moyen de faire passer le message politique qui sous-tend le modèle, nos deux hérauts commettent une nouvelle publication en 2005 dans la *Revue française d'économie.* Alors même que le choix d'un titre sous forme de question – « Faut-il augmenter les droits d'inscription à l'université ? » – pouvait laisser espérer un débat contradictoire, les auteurs vendent la mèche dès l'introduction. En français et sans équation cette fois, la thèse est de fait plus explicite : « notre message principal est que l'*optimum* social requiert une certaine combinaison de sélection à l'entrée et de tarification[70]. »

Preuve s'il en fallait que le financement de l'enseignement supérieur et les frais d'inscription sont alors devenus un véritable objet d'intérêt pour les économistes dominants, l'Association française de science économique (AFSE)[71] choisit d'en faire le thème de ses entretiens annuels en 2006. Dans le numéro spécial de la *Revue d'économie politique* qui en est tiré, elle ne manque pas de se lamenter de ce que « les positions restent marquées par les *a priori* et les tabous » et que « les dirigeants politiques [...] manquent de repères quant aux orientations à prendre et restent souvent prisonniers d'approches traditionnelles »[72]. Dans ces conditions, il est dès lors du devoir de l'AFSE et de ses membres, bien connus pour n'avoir quant à eux ni *a priori* ni tabous, d'apporter la lumière en formulant des propositions fondées sur les seuls résultats de la science.

Plus récemment, et comme si tant de sollicitudes ne suffisaient pas, d'autres bonnes fées se sont penchées sur le financement de l'enseignement supérieur. Depuis la fin des années 2000, c'est ainsi une *business school*, l'École des hautes études commerciales du nord (EDHEC), où les frais d'inscription s'élèvent à 13 500 euros, qui s'impose comme l'un des principaux foyers de la recherche économique sur cette question. Au sein d'un « pôle recherche » dont l'intitulé (« Économie, évaluation des politiques publiques et réforme de l'État ») et le financement (à hauteur 40 % par les entreprises) traduisent la parfaite autonomie scientifique, Pierre Courtioux et Stéphane Grégoir mobilisent en effet les dernières avancées de la recherche en économie mathématique pour donner un corps nouveau au vieux serpent de mer des rendements privés de l'éducation. Tant d'un point de vue politique que scientifique, il s'agit en effet d'une condition *sine qua non* pour justifier la hausse des frais d'inscription et son corollaire nécessaire, le financement des études par l'endettement grâce à des « prêts à remboursement conditionnel aux revenus » (cf. encadré ci-dessous).

LES « PRÊTS À REMBOURSEMENT CONDITIONNEL AU REVENU » (PARC)

Trouvant ses fondements dans les travaux de Milton Friedman et dans la théorie du capital humain, ce dispositif, d'abord expérimenté à l'université de Yale entre 1972 et 1976 avant d'être introduit dans de nombreux pays (Australie, Chili, États-Unis, Nouvelle-Zélande, Royaume-Uni, Suède), peut prendre différentes formes et connaître différentes modalités de mise en œuvre. Il repose cependant sur un principe de base qui reste identique dans tous les cas. Afin de permettre aux étudiants de financer le coût de leurs études, il s'agit de leur accorder un prêt dont le remboursement ne commencera qu'une fois les études achevées. L'ancien étudiant ne rembourse alors son prêt que si son revenu dépasse un certain seuil et voit le montant de ses mensualités varier en fonction de ses revenus. Le principe étant posé, il reste cependant un problème pour le mettre en pratique. Sauf dans le cas des étudiants des filières les plus prestigieuses, les banques commerciales considèrent le financement des études comme un placement à risque et se montrent généralement réticentes à accorder des prêts aux étudiants. De fait, le capital humain accumulé par l'étudiant grâce au prêt est par définition incessible et impossible à hypothéquer. Contrairement à un capital immobilier, il ne peut donc constituer une garantie solide pour la banque. Bref, comme le dit Alain Trannoy, « dans un monde sans esclavage, l'individu n'a pas de gage à offrir au banquier pour sûreté de sa créance[73] ». Aussi, et comme le rétablissement de l'esclavage reste encore de l'ordre du politiquement incorrect, il faut se résoudre à solliciter l'intervention de l'État, lequel est appelé à se porter garant pour corriger cette défaillance du marché du crédit.

Construit sur un corps d'hypothèses théoriques, d'outils méthodologiques et de présupposés politiques communs, l'ensemble de ces travaux menés au nom de la science économique apporte finalement trois arguments essentiels à l'appui d'une hausse des frais d'inscription. Une telle mesure aurait ainsi des effets *incitatifs*, *contributifs* et *redistributifs*.

Les effets incitatifs : augmenter les frais d'inscription pour responsabiliser les étudiants

Contrairement aux deux autres arguments qui peuvent revendiquer quelques constats chiffrés à leur actif, celui des effets incitatifs d'une hausse significative des frais d'inscription ne se fonde que sur les croyances anthropologiques qui servent d'axiome aux démonstrations de la plupart des économistes néoclassiques. La très grande sophistication mathématique et statistique de leur argumentation a pour effet de masquer le caractère simpliste et normatif de leurs hypothèses – caractère d'ailleurs ouvertement revendiqué – faisant de l'individu, en l'occurrence l'étudiant, un acteur rationnel cherchant à maximiser une fonction d'utilité[74]. Or, si l'on se place dans une telle perspective, le fait de payer pour étudier (et de payer suffisamment cher) aurait au moins trois mérites.

L'instauration de frais d'inscription suffisamment élevés aurait ainsi comme premier avantage une transformation de la relation pédagogique en une relation fondamentalement commerciale dont on serait en droit d'attendre pléthore d'effets bénéfiques. Cela revient d'abord à considérer que, dans de telles conditions, les étudiants seraient incités à travailler davantage, à être présents en cours et à réussir leurs examens. Grâce à cette motivation sous contrainte, on en aurait ainsi fini avec les éternels étudiants mettant des années à obtenir leur diplôme ou conservant leur statut uniquement pour continuer à bénéficier indûment de certains avantages. On peut aussi escompter que l'étudiant, ainsi rabaissé au rang de vulgaire consommateur, exige comme n'importe quel client une certaine qualité de service et exerce une pression « bienfaisante » (*sic*) sur les enseignants et sur l'Université pour obtenir le meilleur rapport qualité/prix. Dans un contexte fortement concurrentiel où prévaudrait la liberté de choix du consommateur, les universités seraient ainsi contraintes à accroître leur « efficience », sous peine de perdre une partie de leurs clients ou de voir se dégrader leur image de marque. Grâce à une mesure d'ordre financier, on serait ainsi en passe de résoudre une large part des problèmes pédagogiques de l'Université. *Gaudeamus igitur*!

Mais les bienfaits espérés de ce pacte de responsabilité entre étudiants, enseignants et établissements du supérieur ne s'arrêtent pas là. Si l'on en croit la littérature économique, cela permettrait également de résoudre la question de l'orientation. Là encore, l'idée est simple. En 1998, Olivier Blanchard, économiste français exilé au Massachussetts Institute of Technology (MIT) et répandant aujourd'hui ses lumières en tant que *chief economist* du Fonds monétaire international (FMI), l'exprimait sans détour : « Les études supérieures sont chères, souvent très chères, aux États-Unis [...]. Dans ces conditions, il vaut mieux choisir une filière qui ne conduit pas au chômage[75]. » Mieux, des frais d'inscription librement fixés par chaque établissement et, en leur sein, par chaque diplôme, programme ou filière, constitueraient le meilleur signal à envoyer aux étudiants pour leur permettre de se faire une idée précise de la valeur d'une formation ainsi réduite à ses débouchés professionnels, voire à ce seul indicateur : le salaire des anciens diplômés.

Selon Robert Gary-Bobo et Alain Trannoy, la hausse des frais d'inscription serait enfin un moyen efficace de sélectionner les étudiants en faisant en sorte que chacun d'entre eux se retrouve dans la filière la plus adaptée à ses aptitudes et à ses aspirations. Leur présupposé de départ est que chaque individu est porteur de certaines prédispositions personnelles et naturelles, dont la genèse sociale n'est bien sûr jamais interrogée, qui devraient « logiquement » le destiner à étudier dans telle filière scolaire et, plus tard, à occuper telle position dans la division du travail. Aussi l'efficacité économique et sociale commande-t-elle que chaque étudiant puisse bénéficier du type d'enseignement le mieux à même de permettre le plein épanouissement de son « talent » *(sic,* on aurait dit autrefois de ses « dons ») et la mise en valeur maximale de ses aptitudes[76]. Or, dans la situation actuelle, cette mise en adéquation se heurte à un problème de taille : de même que l'étudiant ne dispose que d'une estimation aléatoire et incertaine de son « talent » et de son niveau intellectuel, l'université n'a, à travers l'examen de son dossier scolaire, qu'une idée incertaine de ses chances de réussite. Pour y remédier, Gary-Bobo et Trannoy examinent les mérites respectifs de deux instruments : la sélection à l'entrée, avec la mise en place d'un concours ou d'un examen, et la tarification, avec la hausse substantielle des frais d'inscription. Au terme de leur démonstration, ils en arrivent à la conclusion que « plus la précision de l'examen comme technique d'estimation du talent de l'individu est élevée, plus les droits d'inscription peuvent être faibles et vice versa[77] ».

De là découle que plus la sélection scolaire des étudiants est drastique, comme dans les classes préparatoires et les grandes écoles, plus les frais d'inscription doivent baisser. Jamais avare de paradoxes, l'analyse économique conduit donc à recommander des grandes écoles gratuites et des universités payantes. Faute de pouvoir mettre en place un examen d'entrée à l'Université, l'instauration de frais d'inscription élevés constituerait une incitation extrêmement forte et efficace à ce que les étudiants évaluent très rigoureusement leurs motivations à intégrer telle ou telle filière, ainsi que leurs chances d'y réussir. Considérés comme des individus rationnels cherchant à maximiser le rendement de leurs investissements éducatifs, ils seraient ainsi conduits à pratiquer une forme d'autosélection. Pour ceux qui auraient encore un peu d'espoir, la conclusion pourra sembler accablante puisque « la science économique » nous dit qu'entre deux maux, il faudra donc choisir le moindre : soit la sélection, soit les frais d'inscription.

Les effets contributifs : augmenter les frais d'inscription pour répondre aux besoins de financement de l'enseignement supérieur

Ce deuxième argument trouve son fondement dans les comparaisons internationales élaborées par l'Organisation de coopération et de développement économiques (OCDE) ou la Banque mondiale et dans les différents classements contribuant à faire exister un marché concurrentiel de l'enseignement supérieur. L'une de leurs conclusions les plus visibles et les plus abondamment reprises réside en effet dans l'insuffisance du financement de l'enseignement supérieur français, que ce phénomène soit mesuré en pourcentage du PIB ou en dépense annuelle moyenne par étudiant. Plutôt que de retenir que la France se situe un peu au-dessus de la moyenne des pays de l'OCDE à l'aune de ces deux critères, c'est surtout le retard par rapport aux États-Unis qui est mis en avant et qui focalise donc l'attention. La France dépenserait en moyenne 10 000 dollars par an et par étudiant, contre près de 23 000 dollars pour les États-Unis, et consacrerait 1,5 % de son PIB à l'enseignement supérieur, contre 2,8 % pour les États-Unis[78]. Mieux, ou pire, certains s'avancent même, dans une revue d'économie reconnue, à comparer le budget annuel de Harvard – 2,8 milliards de dollars en 2005 pour 20 000 étudiants – au montant que l'État français consacre chaque année aux universités – 9,3 milliards d'euros pour 1 435 000 étudiants[79]. Les économistes insistent enfin lourdement sur l'inégalité entre la dépense annuelle moyenne par étudiant dans les premiers cycles universitaires et dans les classes préparatoires aux grandes écoles. Leur jugement est dès lors sans appel : « l'université française est clairement le parent pauvre de l'enseignement supérieur français, elle est sous-financée par rapport à ses concurrents français ou étrangers[80]. »

Dans ces conditions, la hausse des financements privés en général et des frais d'inscription en particulier apparaît donc comme la seule solution réaliste d'un point de vue économique. Évidemment, on pourrait imaginer des solutions alternatives comme déshabiller les classes préparatoires pour rhabiller l'Université ou envisager une hausse significative des dépenses publiques consacrées aux institutions d'enseignement (voir chapitre 4). La première hypothèse n'est évidemment pas explorée, tant les classes dominantes n'imaginent pas renoncer à ces filières d'élite grâce auxquelles elles assurent leur reproduction. Quant à la seconde, elle est écartée au nom du « contexte macroéconomique » qui « semble ne pas laisser d'échappatoire » ou, pour le dire de manière plus douce, parce que « les limites atteintes par le système de prélèvements obligatoires invitent au pessimisme quant à la possibilité que les gouvernements futurs fassent voter des crédits publics suffisants pour le développement d'une université française digne de ce nom »[81]. Entérinant elle aussi ce fatalisme du probable fondé sur une « science » qui refuse de se présenter comme politique et une politique qui s'imagine « scientifique », la Commission européenne ne dit d'ailleurs pas autre chose quand elle annonce « qu'à l'avenir la plus grande part des ressources nécessaires pour mettre fin au sous-financement des universités devra provenir de sources non publiques[82] ».

L'effet redistributif : augmenter les frais d'inscription au nom de la justice sociale

Mais l'invocation rituelle de l'Amérique et des lois d'airain de la théorie économique ne constituant pas un argument suffisant pour convaincre la frange la moins éclairée de l'opinion, les économistes se sont surtout efforcés de démontrer le caractère injuste, car antiredistributif, de la gratuité de l'enseignement supérieur. Apporter la preuve que l'on réforme au nom de l'égalité et de l'intérêt des classes populaires et pas au nom de l'orthodoxie néolibérale peut effectivement sembler une stratégie plus à même de réussir sur le plan politique. L'irruption du principe de justice dans le discours des thuriféraires des frais d'inscription ne doit cependant pas masquer les véritables ressorts de cet argument. À son fondement, on retrouve en effet l'idée selon laquelle les rendements privés et individuels de l'enseignement supérieur sont supérieurs aux rendements collectifs et sociaux.

Au-delà d'une certaine diversité rhétorique, la structure du raisonnement est donc constante et le point de départ toujours identique : l'éducation est un investissement dont les individus retirent un rendement privé, notamment des salaires plus élevés et des risques moindres d'être confrontés à des périodes de chômage. Or, ce sont les enfants issus de milieux aisés qui, dans tous les sens du terme, profitent le plus de l'enseignement supérieur et, *a fortiori*, de ses filières les plus sélectives et les plus coûteuses dans lesquels ils sont surreprésentés. La gratuité profiterait donc aux riches. En plus de sa prétendue inefficacité, le financement actuel de l'enseignement supérieur serait aussi injuste et même antiredistributif. Peu importe, semble-t-il, que le seul rapport public ayant vraiment pris à bras le corps la question des effets redistributifs des dépenses consacrées à l'enseignement ait débouché sur une conclusion pour le moins prudente – « les dépenses publiques d'éducation n'ont pas d'effet redistributif sensible, dans un sens ou dans un autre[83] » –, Gary-Bobo et Trannoy n'hésitent pas à affirmer avec un aplomb déconcertant : « nous savons que la gratuité des études supérieures donne lieu à des transferts régressifs de grande ampleur[84]. » Dans la logique du *cost-sharing*, cela aboutit *in fine* à justifier que ceux qui retirent les bénéfices sonnants et trébuchants de l'enseignement supérieur contribuent davantage et directement à son financement en payant des frais d'inscription élevés. Tout en défendant fermement, contrairement à certains de ses collègues, l'utilité sociale et collective d'une expansion de la scolarisation ainsi que la démocratisation de l'enseignement supérieur, c'est également la thèse qu'avance Éric Maurin dans un essai à succès paru en 2007[85]. Il considère en effet lui aussi que le « choix de poursuivre des études supérieures constitue un investissement privé dont le premier bénéficiaire sera le futur ex-étudiant lui-même[86] ». Pour contrer les possibles effets inégalitaires de la hausse des frais d'inscription, il suffirait enfin de prévoir une exonération pour les boursiers méritants (au nom de l'ouverture sociale) et, pour les autres, d'organiser un système de PARC. Comme on le montrera dans le dernier chapitre, il existe pourtant un mécanisme de financement bien plus efficace que les bourses et les PARC, équitable sans être stigmatisant : l'impôt sur le revenu. Parce que l'enseignement supérieur est aujourd'hui financé par ce mécanisme progressif et non plafonné, il s'avère plus redistributif que le système proposé par les défenseurs des frais de scolarité[87].

Inefficace, sous-financé et inéquitable, l'enseignement supérieur français connaîtrait donc une crise inédite. Trop élitiste et malthusien, dans ses filières sélectives, il serait une véritable usine à échec et à chômeurs dans le cas de l'Université. Coupé des évolutions de la société et des besoins des entreprises, en retard dans la compétition internationale, il serait finalement incapable de s'adapter au monde tel qu'il va. Comme on vient de le montrer, ce sombre tableau reflète le regard étroitement utilitariste que portent sur l'éducation la science économique et l'aile marchande des élites politiques et universitaires. Mais il correspond plus largement à des croyances de sens commun profondément enracinées dans la société. Le discours économique sur l'éducation apparaît ainsi comme le miroir savant d'une rhétorique – qu'elle soit d'ailleurs réactionnaire, technocratique ou prétendument progressiste – avec laquelle il partage deux présupposés de base : pour les étudiants, les études ne valent une heure de peine que si et seulement si elles permettent de trouver un travail et/ou d'obtenir un meilleur salaire ; pour la société, elles sont d'abord et avant tout un moyen d'accroître la production de richesse et de répondre aux besoins en main-d'œuvre. Les études devraient donc être « professionnalisées » et ajustées aux « besoins du marché ».

Compte tenues des inquiétudes, légitimes et compréhensibles, des étudiants et de leurs familles face au chômage de masse, un tel projet, marqué au coin du bon sens, rassure. Il est pourtant irréaliste et mortifère. Irréaliste car de nombreux travaux de sociologie et d'économie ont montré, d'une part, que la recherche de l'adéquation entre la formation et l'emploi constituait une vue de l'esprit[88] et, d'autre part, que construire et enseigner le savoir de manière autonome vis-à-vis des objectifs marchands est paradoxalement la condition même du progrès économique mais aussi d'une réelle émancipation sociale. Mortifère car il revient à enclencher, par l'intermédiaire de la hausse des frais d'inscription, un processus implacable de disciplinarisation des étudiants et donc de sclérose collective par l'enferment dans des objectifs court-termistes d'adéquation à la commande du marché qui viennent prendre le pas sur la définition démocratique de l'avenir.

2

Payer pour étudier : faux-semblants et impasses d'un dispositif de disciplinarisation

À en croire la science économique et l'aile marchante des élites politiques et universitaires, la hausse des frais d'inscription ferait donc figure de remède miracle à la « crise » de l'enseignement supérieur. L'affirmation ne résiste pourtant pas longtemps si l'on renonce à une approche purement théorique et normative – qui se donne souvent à voir sous les dehors avantageux de la modélisation mathématique – pour mettre les conséquences d'une telle mesure à l'épreuve des faits. Pour ce faire, les données disponibles sur la situation des pays ayant opté pour le financement privé et l'endettement s'avèrent particulièrement utiles tant elles sont édifiantes. Rappeler les résultats empiriques des trop rares travaux d'économie s'étant penchés sans *a priori* sur le problème des effets redistributifs de la gratuité de l'enseignement supérieur n'est pas non plus inutile. Ils apportent en effet une réponse beaucoup plus nuancée, voire opposée, à celle véhiculée par la vulgate économique. Les travaux de sciences sociales les plus récents sur les transformations de l'enseignement supérieur et la construction des choix d'orientation peuvent quant à eux être mobilisés pour mettre les hypothèses de l'économie néoclassique de l'éducation à l'épreuve des pratiques et des stratégies réelles des acteurs.

Confrontée à cet ensemble d'éléments objectifs et réinscrite dans le mouvement général de réforme que connaît l'enseignement supérieur depuis une vingtaine d'années, la hausse des frais d'inscription apparaît bien vite pour ce qu'elle est vraiment. Plutôt que de mettre en avant de prétendus effets incitatifs, on peut alors établir qu'elle constitue un dispositif extrêmement efficace de normalisation des conduites étudiantes par la contrainte financière, comme le signalait d'ailleurs Noam Chomsky dans la citation en exergue de ce livre. Plutôt que de vanter ses prétendus effets contributifs, on peut prouver qu'elle est incapable de répondre aux besoins de financement de l'enseignement supérieur. Plutôt que de spéculer sur ses effets redistributifs, on peut enfin démontrer qu'elle est incapable de résoudre le problème de l'inégalité devant l'enseignement et qu'elle contribue au contraire à l'aggraver.

FRAIS D'INSCRIPTION ET ENDETTEMENT : UN DISPOSITIF DE NORMALISATION DES CONDUITES ÉTUDIANTES

Payer ne motive pas les étudiants

Affirmer qu'il suffirait de faire payer leurs études aux étudiants pour les responsabiliser et les mettre sérieusement au travail est certainement l'argument en faveur des frais d'inscription le plus facile à déconstruire. Bien qu'il revienne comme une rengaine, un tel lieu commun ne mérite pas que l'on s'y arrête très longuement. Pour se convaincre de son inanité, il suffit de rappeler à quoi ressemble la vie étudiante dans ces filières gratuites que sont les classes préparatoires et de la comparer à ce qu'elle est dans ces filières payantes que sont les écoles de commerce. Héritières du modèle pédagogique développé par les jésuites à partir du XVIIe siècle, les premières se distinguent en effet, au-delà de la diversité des filières et des établissements, par l'intensité et le volume du travail scolaire exigé des élèves ainsi que par la culture de l'urgence et de la compétition permanente qui y règnent. Sélectionnés à l'entrée, coupés du monde et tout entier tendus vers la perspective des concours, dont les multiples épreuves écrites et orales scandant chaque semaine de cours sont autant de répétitions, ceux que l'on appelle parfois les « préparationnaires » sont ainsi rapidement contraints, sous peine d'être éliminés de la course, d'adopter les dispositions ascétiques nécessaires à leur survie scolaire[89]. La perspective d'intégrer des écoles ouvrant l'accès à des positions sociales et professionnelles dominantes n'est certainement pas un ressort négligeable de leur investissement dans le travail scolaire. Il n'en reste pas moins que cet investissement ne procède pas d'une contrainte financière directe, comme le voudrait la vulgate économique, mais bien de l'action organisée d'une institution et d'un dispositif pédagogique tout à fait spécifiques. Cette primauté des facteurs institutionnels et pédagogiques pour expliquer le degré d'investissement des étudiants dans leurs études apparaît encore plus frappante lorsque l'on met en miroir l'univers des classes préparatoires et celui des écoles de commerce.

Si l'on en croit tous les travaux qui se sont intéressés aux étudiants et à leurs études dans les écoles de commerce, le travail scolaire n'est assurément pas leur préoccupation principale. Aujourd'hui professeur à l'École des hautes études commerciales de Montréal après avoir été doctorant et chargé de cours à l'École des hautes études commerciales (HEC) de Paris, Yves-Marie Abraham écrit ainsi : « Il suffit de vivre quelque temps sur le campus de Jouy-en-Josas (Yvelines) et de suivre une série de cours en compagnie des intéressés pour constater que la majorité d'entre eux, une fois à HEC, ne travaillent plus avec la même intensité, ni de la même manière que lors de leurs années de lycée et de classes préparatoires au concours d'entrée. Surtout, on découvre rapidement que bien peu nombreux sont ceux qui revendiquent une attitude sérieuse à l'égard des activités scolaires du cursus HEC[90]. » Au-delà de cette première impression, il montre ensuite, sur la base d'une enquête de terrain menée sept années durant, qu'à HEC le jeu scolaire est dénué de tout véritable enjeu dès lors que le diplôme est décerné à la quasi-totalité des lauréats du concours d'entrée, qu'il n'y a pas de gratification pour récompenser les meilleurs ou que, contrairement à l'ENA ou à Polytechnique, il n'y a plus de classement de sortie. Tout se passe en fait comme si « l'action pédagogique propre à HEC consistait à descolariser les très bons élèves qui s'y trouvent pour mieux les faire jouer au manager[91] ». Dans la même logique, on sait la place fondamentale que tiennent la fête et l'alcool dans la vie étudiante des grandes écoles, et notamment des écoles de commerce. Marronnier journalistique bien fait pour effrayer les parents d'élèves, ce phénomène a également fait l'objet d'une véritable enquête sociologique montrant comment l'entrée en grande école s'accompagne « d'une transmutation radicale des valeurs dominantes en classe préparatoire[92] ». Vécu par les élèves sur le mode de la libération, ce passage d'un univers à l'autre voit l'ascétisme scolaire céder la place à « un mode de sociabilité caractérisé par la prédominance des valeurs de fête et de convivialité, et rythmé par des rites et cérémonies où l'alcool joue un rôle moteur. [...] Le fait de savoir boire, d'être capable de "se lâcher", deviennent ainsi des modes d'intégration et de valorisation particulièrement importants. À ceux qui savent faire la fête, "stars", "légendes", "figures mythiques", vont s'opposer ceux qui, restés dans une logique scolaire, n'ont pas su s'intégrer : ce sont les "bûcheurs", les "polars", et autres "nobodies"[93] ».

Contre les hypothèses anthropologiques simplistes des tenants du choix rationnel, ce bref rappel n'a d'autre fonction que de faire sentir qu'il n'y a, à l'évidence, pas de corrélation entre le prix des études et le degré d'investissement dans le travail scolaire. En ce sens, on pourrait aussi bien souligner que les normaliens, les énarques et les polytechniciens étudient gratuitement, qu'ils sont même payés pour le faire et que cela n'a jamais alarmé personne au motif qu'ils pourraient alors profiter de la situation pour ne rien faire. Si l'effet d'une hausse des frais d'inscription sur la motivation des étudiants reste donc plus qu'hypothétique, il n'en va pas de même lorsqu'il s'agit de leur orientation.

Une orientation sous contrainte

Pour Philippe Aghion et Élie Cohen, « conformément à la théorie du capital humain, développée par Becker, les agents économiques, pour décider de poursuivre ou non leurs études, arbitrent entre le surcroît de salaire qu'ils vont en retirer une fois entrés sur le marché du travail et la perte de revenu (salaire et frais d'études) qu'ils subissent en poursuivant leurs études pendant une année supplémentaire[94] ». Comme souvent dans le discours dominant des sciences économiques, on ne sait pas s'il s'agit là d'une assertion prétendant décrire le comportement réel des étudiants ou s'il s'agit, au contraire, d'un énoncé normatif indiquant les conditions à remplir pour que la théorie fonctionne. Or, c'est justement lorsque l'on a à l'esprit cette tension et cette distance entre la réalité et la théorie que l'on peut saisir tout l'enjeu de la hausse des frais d'inscription et de son corollaire nécessaire, l'endettement étudiant. Ce que cherchent les réformateurs en plaidant pour un système de financement fondé sur ces deux piliers, c'est précisément de faire advenir les conditions du succès de leur prophétie. Pour le dire autrement, la fonction des frais d'inscription et de l'endettement est bien d'exercer un effet autoréalisateur de la théorie du capital humain en faisant en sorte que la rationalité économique devienne l'alpha et l'omega de la conduite des étudiants.

C'est ce que ramassait en une formule cinglante un journaliste de Nouvelle-Zélande, pays dans lequel les frais d'inscription ont considérablement augmenté ces vingt dernières années et où l'endettement étudiant est endémique : « le fardeau de l'endettement étudiant oblige les étudiants à apprendre de douloureuses leçons à propos de l'argent[95]. » Évidemment, la science économique, toute à sa quête de scientificité, ne formule pas les choses aussi brutalement. Ainsi Alain Trannoy peut-il justifier l'introduction de prêts à remboursement conditionnel aux revenus en expliquant qu'« il est primordial qu'un acteur internalise le coût social d'une erreur d'orientation[96] ». En ces termes choisis, si caractéristiques de la violence feutrée des dominants sûrs de leur science et de leur fait, il livre en fait la vérité du projet politique, et plus fondamentalement anthropologique, que contient la réforme du financement de l'enseignement supérieur. Il ne s'agit pas seulement de pallier les difficultés financières des établissements ou de parvenir à ce que ces derniers soient parfaitement ajustés aux attentes du marché. L'enjeu est d'abord et avant tout que les étudiants conçoivent leurs études comme des investissements qu'il faudra à tout prix rentabiliser, sous peine d'être dans l'incapacité de rembourser la dette qu'ils auront contractée.

En entrant dans une logique d'autofinancement des études par l'endettement, on contribue ainsi à enfermer de manière précoce les choix scolaires dans la logique de la relation salariale future et à renforcer considérablement la relation de subordination vis-à-vis de l'employeur. Quand l'autocensure se relâche, il arrive parfois que cette visée s'exprime plus crûment. Ainsi, comme le rapporte Annie Vinokur, Robert Gary-Bobo déclarait, au cours d'un séminaire organisé à Sciences-Po en 2005, qu'un avantage supplémentaire du financement des études supérieures par l'emprunt était que les jeunes, arrivant sur le marché du travail endettés, ne pourraient pas épargner pour acheter un logement et fonder une famille et par conséquent seraient plus mobiles[97].

De ce point de vue, la hausse des frais d'inscription et l'endettement apparaissent bien comme un puissant instrument d'assujettissement des futurs travailleurs que sont voués à devenir les étudiants. On n'en finirait d'ailleurs pas de décrire les conséquences d'une telle sujétion financière tant elles affectent tous les domaines de l'existence. Même si le phénomène reste encore difficile à objectiver faute de disposer du recul et des données nécessaires, il a déjà suscité un nombre incalculable d'articles et de témoignages dans les pays ayant opté pour le financement privé et le recours à l'emprunt. Au-delà du caractère souvent tragique des histoires individuelles qui y sont relatées, il ressort, sans surprise, de cette littérature foisonnante et des premières enquêtes sur le sujet que la dette contractée au cours des études est un obstacle sérieux à la conquête d'une véritable autonomie sociale et personnelle. Dans ces conditions, il devient en effet difficile d'acheter une maison et/ou de quitter le domicile parental, d'acquérir une voiture, de se marier, de fonder une famille, d'épargner, etc.[98] Il en ressort également que les métiers dotés d'une véritable utilité sociale sont délaissés au profit de postes plus rémunérateurs[99]. Plus inattendu peut-être, l'endettement a aussi une incidence sur la capacité à entreprendre et notamment sur la création de petites et moyennes entreprises[100] : les banques sont de fait peu disposées à apporter du capital à quelqu'un dont la capacité d'emprunt est déjà fortement entamée.

Pour toutes ces raisons, les conséquences à long terme de l'endettement sont aujourd'hui devenues un sujet de préoccupation majeur, non seulement pour les étudiants eux-mêmes, mais aussi pour ceux qui réfléchissent à l'avenir de l'enseignement supérieur. Compte tenu des effets pervers de sa subordination croissante à l'impératif de production de capital humain, il devient de fait de plus en plus urgent de poser à nouveaux frais la question de ses missions fondamentales. Or, dans ces conditions et face aux impasses du modèle néolibéral, il semble à nouveau possible d'affirmer que le rôle de l'éducation en général et de l'enseignement supérieur en particulier est bien d'atteindre d'autres objectifs collectifs et de concourir à l'émancipation individuelle. Mais avant d'en arriver là, il reste encore à battre en brèche les deux autres principaux arguments en faveur des frais d'inscription, à savoir leurs prétendus effets contributifs et redistributifs.

UNE RÉFORME INCAPABLE DE RÉPONDRE AUX BESOINS DE FINANCEMENT DE L'ENSEIGNEMENT SUPÉRIEUR

Le manque de moyens apparaît aujourd'hui comme l'un des principaux problèmes auxquels doivent faire face l'enseignement supérieur en général et l'Université en particulier. Face à l'ampleur du retard sur le niveau de financement nord-américain et face à l'impossibilité prétendue d'augmenter la dépense publique au nom de la sacro-sainte discipline budgétaire, la hausse des frais d'inscription est présentée comme la seule solution permettant d'accroître les ressources des établissements d'enseignement supérieur. S'il n'est évidemment pas question de nier les difficultés de bon nombre d'établissements, situation que la mal nommée « autonomie » n'a fait qu'aggraver, il n'en demeure pas moins que la hausse des frais d'inscription est une fausse solution.

Hausse des frais d'inscription et désengagement de l'État

Il faut tout d'abord insister sur un point fondamental : une telle mesure n'entraînerait une hausse significative du budget des établissements d'enseignement supérieur qu'à la condition que l'État ne se désengage pas, dans le même temps, de son financement. Or, c'est bien à cette concomitance entre hausse des frais d'inscription et baisse des financements publics que l'on assiste dans les pays les plus avancés sur le terrain de l'enseignement supérieur payant.

Ainsi, aux États-Unis, un pays où le coût des études a explosé dès le début des années 1980[101], on constate, s'agissant des établissements publics, que la part de leurs revenus provenant de fonds publics décroît de manière continue depuis les années 1980, passant de 76 % en 1988 à 70 % en 2000 et 52 % en 2013, tandis qu'à l'inverse, la part financée directement par les étudiants ne cesse d'augmenter[102]. S'il s'agit bien d'un mouvement de fond structurel, les crises économiques et les retournements de la conjoncture jouent néanmoins un rôle décisif dans l'enclenchement et l'accélération de ce mouvement de bascule du financement public vers le financement privé. Comme le montre le graphique ci-dessous, on voit en effet nettement que chaque phase de récession de l'économie étasunienne a provoqué une fuite en avant vers le financement privé. Mais le plus intéressant n'est pas là. Si certains pourraient être tentés, comme c'est le cas aujourd'hui, de justifier un tel recours au financement privé en invoquant son caractère provisoire et sa nécessité pour compenser le tarissement momentané des fonds publics, il faudrait leur rappeler qu'une fois engagé, le basculement s'avère bel et bien irréversible. De fait, comme le montre le graphique, il se prolonge bien au-delà de la fin de la période de récession, sans que le retour de la croissance ne se traduise par un retour à la situation antérieure.

PART DES FRAIS D'INSCRIPTION DANS LES REVENUS TOTAUX DES ÉTABLISSEMENTS D'ENSEIGNEMENT SUPÉRIEUR PUBLICS ÉTATS-UNIS, 1988-2013

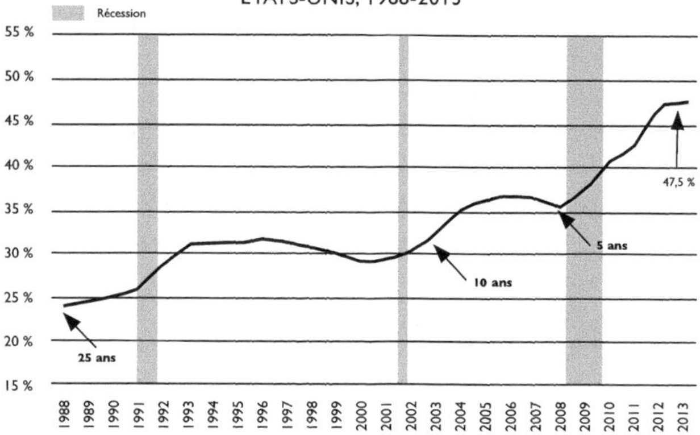

Source : State Higher Education Executive Officers. State Higher Education Finance FY 2013. 2014, p. 22.

Face à un tel constat, les défenseurs de l'enseignement supérieur payant auraient alors beau jeu de rétorquer que la baisse de la part du financement public ne se traduit pas nécessairement par une diminution des moyens de l'enseignement supérieur. Or, c'est précisément à une telle paupérisation que l'on assiste aux États-Unis : la baisse des financements publics n'est pas seulement relative mais aussi absolue. Toujours dans les établissements publics, qui scolarisent 72 % des étudiants[103], le montant des financements publics par étudiant est en effet passé, en dollars constants, de 8 579 dollars en 1988 à 7 924 dollars en 2008 à la veille de la crise économique et financière[104]. Là encore, l'effet de la crise a été particulièrement violent puisque ce chiffre atteint aujourd'hui 6 105 dollars, soit une diminution de 23 % en cinq ans[105]. Parallèlement, le montant des recettes tirées des frais d'inscription a, quant à lui, connu une croissance très importante. Il est passé de 2 685 dollars par étudiant en 1988 à

4365 dollars en 2008 pour atteindre 5475 dollars en 2013[106]. Or, si l'on en croit les partisans du financement direct de l'enseignement supérieur par les étudiants eux-mêmes, cette hausse de leur contribution aurait dû permettre, en théorie, une augmentation des moyens. Mais une fois de plus, les faits tendent à suggérer le contraire. En effet, malgré cette hausse considérable, les ressources par étudiant dont disposent les établissements publics d'enseignement supérieur aux États-Unis stagnent depuis vingt-cinq ans : leur montant, en dollars constants, s'élevant à 11 580 dollars en 2013 contre 11 264 dollars en 1988[107].

La hausse, même massive des frais d'inscription, apparaît donc au vu de la situation actuelle des États-Unis comme une voie sans issue pour augmenter les moyens de l'enseignement supérieur. C'est ce que tend également à confirmer le cas du Royaume-Uni, où le mouvement de vases communicants entre financement public et financement privé est déjà amorcé depuis plusieurs années. Selon les données de l'OCDE, la part des dépenses publiques au titre des établissements d'enseignement supérieur, qui s'élevait à 80 % en 1995, était déjà passée à 68 % en 2000, après une première hausse des frais d'inscription en 1998, pour atteindre 46 % en 2008 et 25 % en 2010, après une deuxième hausse en 2006[108]. Mais comme aux États-Unis, le déclin des financements publics n'est pas seulement relatif : il se vérifie également en valeur absolue. Ainsi, toujours selon l'OCDE, le montant des dépenses publiques destinées aux établissements d'enseignement supérieur, qui s'élevait à 10,8 milliards de livres en 2005, c'est-à-dire juste avant la deuxième hausse des frais d'inscription, a chuté à 5,9 milliards en 2007 et 4,7 milliards en 2010[109]. S'il faut encore attendre quelque temps pour disposer de statistiques permettant de mesurer l'évolution du phénomène sur la période la plus récente, on a toutes les raisons de craindre qu'il s'accentue encore davantage. Quelques mois après l'arrivée de David Cameron au poste de Premier ministre, le gouvernement britannique a en effet annoncé, par la voie de son ministre des Finances, sa volonté de réduire de 40 % les dépenses de l'État en faveur de l'enseignement supérieur[110] et a fait voter un texte laissant aux universités la liberté de relever le plafond de leurs frais d'inscription de 3 290 à 9 000 livres dès la rentrée 2012. *Wait and see.*

Le coût de l'endettement étudiant

L'idée selon laquelle la hausse des frais d'inscription permettrait d'accroître significativement les moyens dont disposent les établissements d'enseignement supérieur et notamment la dépense par étudiant est donc pour le moins douteuse. Mais l'efficacité contributive d'un mode de financement fondé sur la hausse des frais d'inscription n'est pas davantage avérée si l'on considère les effets de ce qui est en est le corollaire nécessaire, c'est-à-dire la mise en place d'un système de prêts aux étudiants indispensable pour rendre solvable la demande d'éducation. Les partisans d'un financement de l'enseignement supérieur fondé sur le couple frais d'inscription/endettement affirment pourtant que cela permettrait à l'État de dégager de nouvelles ressources financières grâce aux intérêts perçus sur les prêts qu'il accorderait aux étudiants[111]. Plutôt que de spéculer à l'infini sur les mérites théoriques d'un tel système de financement à partir de modélisations hasardeuses, on peut là encore s'efforcer de mettre le discours réformateur à l'épreuve des faits. Pour ce faire, l'examen de la situation des États-Unis apparaît particulièrement pertinent tant le financement de l'enseignement supérieur y est fondé sur le recours massif à l'emprunt.

Après avoir été multiplié par trois lors de la dernière décennie, l'encours de la dette étudiante y atteint aujourd'hui 1 260 milliards de dollars, ce qui en fait la deuxième source d'endettement des ménages étasuniens derrière les prêts hypothécaires[112]. Ce sont ainsi près de 40 millions d'Américains qui sont concernés (dont 34 % ont plus de 40 ans et 17 % plus de 50 ans !), leur endettement moyen dépassant les 23 000 dollars[113]. Si l'encours des prêts étudiants fournis par des sociétés privées a plus que doublé depuis 2005, passant de 56 à 150 milliards de dollars entre 2005 et 2012[114], c'est bien l'État fédéral qui, aujourd'hui encore, gère la majorité prêts. Compte tenu des sommes en jeu, savoir combien cette activité de prêteur coûte au budget de l'État et combien elle lui rapporte constitue un enjeu tout à fait décisif et particulièrement sensible politiquement. Or, depuis maintenant près d'un an, cette question fait l'objet d'une vive polémique, à la fois politique et technique, dont l'essentiel porte sur la méthode à utiliser et les règles comptables à appliquer pour mesurer l'impact des prêts étudiants sur le budget fédéral. Sans qu'il soit nécessaire de rentrer dans des détails techniques particulièrement complexes, il s'agit de souligner à quel point les prévisions peuvent changer du tout au tout. En effet, comme l'a montré un rapport du Congressional Budget Office, une agence non partisane rattachée au Congrès, le bilan budgétaire du programme de prêts étudiants sur la période 2013-2023 apparaît particulièrement incertain : soit un solde positif de 184 milliards de dollars, soit un solde négatif de 95 milliards selon la méthode de calcul retenue[115] ! Sollicité pour tenter de trancher le débat, le Government Accountability Office (GAO), l'équivalent de la Cour des comptes, a dû avouer son incapacité à donner une réponse définitive. Rappelant que de telles anticipations reposent nécessairement sur des paramètres et des hypothèses caractérisés par un haut degré d'incertitude, il a été conduit à souligner leur très grande volatilité. Chaque année, le gouvernement doit ainsi, en fonction des nouvelles données économiques et financières dont il dispose, réajuster ses estimations du coût et des revenus induits par les prêts étudiants. De là peuvent découler de très grandes variations dans les calculs. Par exemple, le GAO a rappelé que les prêts octroyés en 2008 ont généré un gain de 9,09 dollars (par tranche de 100 dollars) en 2011 alors qu'ils ont occasionné un coût de 0,24 dollars en 2012[116]. La conclusion est dès lors sans appel : il est impossible de connaître à l'avance le véritable bilan financier du programme fédéral de prêts étudiants. Dans ce domaine, on ne peut avoir de certitude qu'*a posteriori*, c'est-à-dire plusieurs dizaines d'années après la souscription des prêts, étant donné que la plupart des étudiants mettent énormément de temps pour venir à bout de leur remboursement.

À l'inverse, les coûts de gestion du dispositif, ainsi que le taux d'étudiants incapables de rembourser leurs prêts, sont en revanche bien connus. Pour l'année 2014, l'État fédéral a ainsi prévu plus d'un milliard de dollars pour le fonctionnement du système d'aides aux étudiants et plus de 430 millions de dollars pour le paiement des sociétés privées de recouvrement auxquelles il a recours[117]. De fait, selon les derniers chiffres disponibles, la proportion d'étudiants en situation de défaut de paiement est en nette augmentation. Elle atteint 10 % chez les étudiants qui ont commencé à rembourser leurs prêts en 2011, et près de 15 % pour ceux qui ont commencé à rembourser à partir de 2010[118]. Au total, on estime que ce sont près de 6 millions de personnes qui sont dans l'incapacité de rembourser leurs prêts, et près de 7 millions si l'on inclut celles qui ont souscrit un emprunt auprès d'une société privée[119].

Quand on connaît le coût du dispositif, l'ampleur des défauts de paiement ainsi que les difficultés auxquelles se heurte l'administration fédérale des États-Unis pour établir le bilan financier du programme de prêts étudiants, on ne peut dès lors que rester interdit face à la prétention de ceux qui, en France, affirment crânement que la mise en place d'un système de prêts à remboursement conditionnel au revenu permettrait de dégager jusqu'à 1,8 milliard d'euros supplémentaires par an[120]. S'il fallait finir de démontrer l'inanité de telles prévisions, on pourrait alors rappeler les hypothèses sur lesquelles elles reposent. En effet, pour atteindre un tel chiffre, il faudrait, d'une part, fixer les frais d'inscription à un niveau tel qu'ils couvrent 100 % des dépenses publiques individuelles d'éducation du supérieur et, d'autre part, attendre près de cinquante ans après l'émission des prêts avant que le dispositif n'engendre le maximum des ressources attendues[121].

La concurrence ne fait pas baisser les coûts

Contrairement à ce que peuvent prétendre les partisans de la hausse des frais d'inscription, le recours aux financements privés n'a donc pas permis de dégager les ressources supplémentaires attendues. Faute de pouvoir compter sur davantage de moyens, certains pourraient néanmoins continuer à espérer de la libéralisation des frais d'inscription en misant sur une autre de ses vertus théoriques. En rendant possible la mise en concurrence des établissements, elle permettrait en effet de dégager de nouvelles marges de manœuvre financières en réduisant les coûts. Malheureusement pour eux, force est de constater que, contrairement au vieux credo libéral selon lequel la concurrence permettrait de faire baisser les prix, on assiste à l'inverse à une véritable explosion du coût de l'enseignement supérieur dans les pays ayant opté pour le financement privé et la concurrence au détriment du financement public et de la régulation.

Ceci est tout particulièrement vrai aux États-Unis où ce phénomène est devenu un véritable problème social, très largement discuté dans l'espace public et médiatique. On ne compte plus en effet le nombre d'articles de journaux et de magazines, de posts de blogs, de livres ou de rapports sur le thème des *rising college costs.* Le problème a pris une ampleur telle que certains vont même jusqu'à se demander si étudier en vaut encore la peine. La question *« is college worth it ? »* (« L'Université en vaut-elle la peine ? ») est ainsi abondamment discutée, jusqu'à faire l'objet d'un article dans le très libéral *The Economist*[122]. De fait, comme le montre le graphique ci-contre, aux États-Unis, le coût de l'enseignement supérieur a connu au cours des trente dernières années une croissance bien plus rapide que celui de n'importe quel bien ou service. Tandis qu'entre 1979 et 2013, l'indice du prix de l'ensemble des biens et services était multiplié par 3,5, celui de l'enseignement supérieur l'était quant à lui par 12,2 ! Face à une telle augmentation, des problèmes occupant pourtant le devant de la scène politique et médiatique, comme celui de la hausse du prix de la santé (x 6,9), de l'énergie (x 4,7) ou du logement (x 3,6), en viendraient presque à paraître secondaires. Cela étant, on ne comprendrait pas l'acuité actuelle du problème sans avoir en tête l'étendue du décrochage entre l'évolution du prix de l'enseignement supérieur et celle du revenu médian : entre 1979 et 2013, ce dernier n'a été multiplié que par 2,3. Si le graphique n'était pas assez parlant, on pourrait également rappeler qu'entre 1975 et 2005, le coût annuel de la scolarité dans les *colleges* publics est passé de 10 à 21 semaines de salaire moyen pour les familles américaines et de 21 à 53 semaines dans les *colleges* privés[123].

S'il est certain que cette fuite en avant constitue un obstacle pour toutes les familles dont la reproduction

ÉVOLUTION DU PRIX DE DIFFÉRENTS BIENS ET SERVICES AUX ÉTATS-UNIS (BASE 100 = 1979)

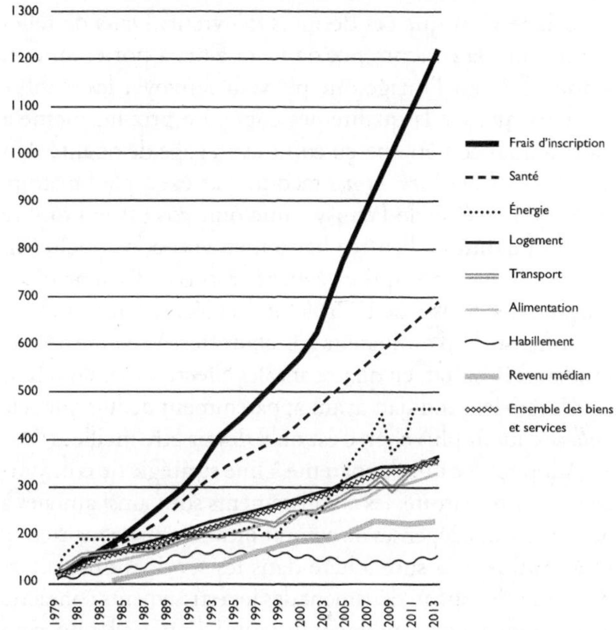

Lecture : En 2013, l'indice du montant moyen des frais d'inscription s'élève à 1 220 (base 100 en 1979).
Sources : Calculs effectués à partir des données du *Consumer Price Index* du Bureau of Labor Statistics (www.bls.gov/data/) et *du U.S. Census Bureau* (www.census.gov/hhes/www/income/data/statemedian/)

sociale dépend étroitement de la possession de diplômes de l'enseignement supérieur, rien ne dit en revanche qu'elle permet d'améliorer l'efficacité de ce qui devrait être les missions premières de l'enseignement supérieur, c'est-à-dire la production, la transmission et l'appropriation des savoirs. Le marché de l'enseignement supérieur se caractérise en effet non seulement par l'intensité de la concurrence entre les établissements mais aussi par la difficulté à mesurer de manière précise et objective la qualité intrinsèque de l'enseignement que ces derniers délivrent. Dans de telles conditions, la concurrence en vient alors à porter autant, sinon plus, sur l'image que peuvent renvoyer les établissements que sur la qualité des cours. Le prix lui-même a alors tendance à être perçu comme un gage de qualité. Un article du *New York Times* raconte par exemple l'histoire d'un petit *college* de Pennsylvanie qui, voyant le nombre de candidatures à l'entrée baisser, en vint à la conclusion que ses frais d'inscription étaient trop bas. Partant de ce constat, une hausse de 17,6 % fut décidée, accompagnée de la promesse d'un ordinateur portable offert à chaque nouvel étudiant. Résultat, en quatre ans, les effectifs augmentèrent de 35 %, « les candidats ayant apparemment déduit que si le *college* coûtait plus cher, c'est qu'il devait être meilleur[124] ».

Adoptant ce qui s'apparente à une stratégie de consommation ostentatoire, les établissements sont ainsi amenés à accroître leurs dépenses de communication ou de marketing et à pratiquer la surenchère dans les services offerts aux étudiants, le tout au détriment des investissements consacrés à l'enseignement proprement dit. Ainsi, l'université Bocconi de Milan envisage-t-elle la construction d'une piscine olympique couverte sur son nouveau campus. Moins anecdotique, un cabinet spécialisé dans le conseil aux organisations du secteur non lucratif a ainsi pu montrer, à partir d'une étude conduite pendant dix ans dans 212 établissements étasuniens, que les dépenses de marketing avaient été, en moyenne et en dollars constants, multipliées par plus de deux entre 2001 et 2009[125]. À partir des données du National Center for Education Statistics, deux économistes de la Réserve fédérale de Saint-Louis ont quant à eux pu établir que la part des dépenses d'administration dans le total des dépenses des établissements d'enseignement supérieur publics était passée de 30 % en 1976 à 50 % en 2001, tandis que la part des dépenses d'instruction chutait de 39 à 34 %[126]. Plus significatif encore, ils montrent également que les dépenses administratives par étudiant corrigées de l'inflation ont augmenté de 54 % entre 1990 et 2001. Depuis lors, le phénomène n'a fait que croître, à tel point que le *administrative bloat* (littéralement le « ballonnement administratif ») est désormais devenu un problème largement débattu aux États-Unis[127].

Contrairement à ce que prétendent tous les thuriféraires de la concurrence libre et non faussée, la hausse des frais d'inscription conduit ainsi, en intensifiant la compétition entre les établissements, à un accroissement considérable de leurs coûts de production. Loin d'être un simple effet pervers, l'explosion du coût de l'enseignement supérieur apparaît bel et bien comme un phénomène consubstantiel au développement de la concurrence comme mode de régulation ainsi que de la dépense privée et de la dette comme mode de financement.

Loin de constituer une solution viable, que ce soit au niveau macroéconomique ou au niveau des établissements, un tel système ouvre en fait la voie à une accentuation des inégalités de dotation entre établissements et, *in fine*, à une paupérisation relative de ceux situés au bas de la hiérarchie académique. En effet, comme le reconnaissent implicitement Philippe Aghion et Élie Cohen lorsqu'ils se désolent d'admettre qu'un « un nombre croissant d'universités américaines rencontrent des problèmes financiers dus [...] à l'arrivée de minorités à faibles ressources[128] », un système de financement reposant sur des frais d'inscription librement fixés par chaque établissement ne peut fonctionner que pour ceux qui sont en mesure d'attirer des étudiants issus de milieux économiquement aisés ou disposés à s'endetter dans des proportions importantes.

Or, seuls les établissements les plus prestigieux scolairement et socialement et qui offrent les meilleurs débouchés sont objectivement en mesure de le faire, cette attractivité permettant alors d'accroître leurs ressources financières en concentrant les élèves les plus solvables et de renforcer, par rétroaction, leur attractivité. Le cas de Science-Po Paris illustre parfaitement ce phénomène. Déjà bien pourvu financièrement et doté d'une réputation flatteuse, l'établissement a initié à partir des années 2000 une augmentation massive des frais d'inscription afin de devenir une université de rang mondial capable de rivaliser dans la compétition internationale. Fondée notamment sur le recrutement de chercheurs et de professeurs reconnus ou sur des achats de locaux prestigieux dans les beaux quartiers de Paris, cette politique agressive d'expansion s'est traduite par l'explosion du nombre d'étudiants issus en grande majorité des classes supérieures[129] et qui, en payant des frais d'inscription élevés, accélèrent à leur tour l'augmentation des moyens de l'établissement. On imagine facilement le pendant inversé de cette spirale pour les établissements moins bien pourvus au départ : incapables d'attirer les étudiants disposant des moyens de se payer une université ou une école dotée d'une meilleure image de marque, ils seraient incapables de compenser la baisse des financements publics par la collecte de frais d'inscription. Cela signifie concrètement que le modèle de financement de Sciences-Po Paris, de Dauphine ou des grandes écoles de commerce n'est en aucun cas généralisable à l'ensemble de l'enseignement supérieur. Libéraliser les frais d'inscription aurait au contraire comme effet d'accentuer et d'auto-entretenir les dynamiques ségrégatives déjà renforcées par la loi sur « l'autonomie » des universités : tandis que les établissements d'élite capteront l'essentiel des financements privés et renforceront par là même leur position dominante, les autres ne pourront compter que sur des subventions publiques en baisse ou en stagnation.

FRAIS D'INSCRIPTION ET INÉGALITÉS SOCIALES

Contrairement à une idée qui fait aujourd'hui largement consensus au sein des élites politiques et universitaires, l'augmentation des frais d'inscription est donc loin de constituer la solution miracle aux difficultés que rencontre l'enseignement supérieur, que ce soit en matière de pédagogie, d'orientation, de sélection ou de financement. Accordant un intérêt aussi soudain qu'inattendu aux inégalités sociales, les partisans d'une telle mesure pourraient alors encore prétendre que la gratuité de l'enseignement supérieur serait socialement injuste, dans la mesure où cet ordre d'enseignement paraît profiter davantage aux enfants des classes dominantes qu'à ceux des classes populaires.

La gratuité n'est pas anti-redistributive

Fondé sur la quasi-gratuité et la prépondérance des dépenses publiques, le mode de financement actuel de l'enseignement supérieur français est accusé de profiter essentiellement aux familles aisées, dont les enfants sont surreprésentés dans cet ordre d'enseignement. De fait, selon l'enquête Génération 2007 du Centre d'études et de recherches sur les qualifications (Céreq), 69 % des enfants de cadres sortent du système éducatif avec un diplôme de l'enseignement supérieur, contre seulement 27 % des enfants d'ouvriers. Ils font en outre des études plus longues (on trouve 34 % d'enfants de cadres supérieurs et professions libérales en master contre environ 16 % dans l'ensemble de la classe d'âge[130]) et sont particulièrement surreprésentés dans les filières « nobles » de l'enseignement supérieur (56,5 % d'enfants de cadres et de professions intellectuelles supérieures dans les écoles normales supérieures et près de 50 % en classes préparatoires et grandes écoles[131]) où la dépense par étudiant est la plus élevée. Dans de telles conditions, instaurer une gratuité complète des études supérieures accentuerait l'injustice en permettant aux plus favorisés de faire financer les études de leurs enfants par l'argent du contribuable.

Or, s'il est donc indéniable que les étudiants des milieux privilégiés bénéficient actuellement, dans un enseignement supérieur différencié et hiérarchisé, d'un surcroît de dépenses publiques d'éducation, on ne peut pourtant nullement en déduire que les pauvres paient les études des plus riches comme le font pourtant très souvent, soit par malhonnêteté soit par ignorance, les défenseurs du recours au financement privé. Reprenant la rhétorique du « est-il normal » chère à Nicolas Sarkozy, l'ancien directeur de Sciences-Po faisait par exemple mine de s'interroger : « si ceux qui bénéficient de l'enseignement supérieur représentent une si faible part de la population française, est-il normal que leurs études gratuites soient financées par ceux qui paient les impôts et dont les enfants ne bénéficieront pas et peut-être jamais de l'enseignement supérieur ? Et ce n'est pas une question – les économistes mettent ça en équations – mais c'est un sujet social ou politique. Si j'étais Mélenchon, je dirais : "est-ce que c'est normal que les pauvres paient pour que les riches aillent à l'université ?[132] » Peu surprenant dans la bouche de celui qui a fait de Sciences-Po le cheval de Troie de la mise en marché de l'enseignement supérieur, cet argument massue trouve également un écho à gauche, même parmi ceux dont l'attachement à l'école publique ne fait pourtant guère de doute. En janvier 2010, le futur ministre de l'Éducation nationale Vincent Peillon déclarait ainsi : « nous sommes le seul pays parmi les grandes démocraties occidentales, où ce sont les enfants des classes défavorisées qui financent les études des enfants des classes favorisées[133]. » Très efficace politiquement, cet argument est cependant faux. Il « oublie » en effet de rapporter les dépenses publiques dont bénéficient les ménages à leur contribution au financement du système par l'intermédiaire des prélèvements fiscaux.

Les dépenses publiques en faveur de l'enseignement supérieur sont assurées grâce aux impôts et aux taxes collectés par l'État, lesquels permettent d'assurer deux types de redistribution, horizontale et verticale (cf. encadré page suivante). Dans les attaques répétées dont font l'objet la gratuité et le financement public de l'enseignement supérieur, c'est essentiellement la redistribution verticale qui est en cause, puisque le système actuel serait incapable d'opérer une telle redistribution des ménages aisés vers les ménages les plus pauvres et qu'il conduirait même à des transferts massifs des seconds vers les premiers, c'est-à-dire à de l'antiredistribution. Sujet sensible entre tous, la question des effets redistributifs des dépenses d'éducation a donc fait l'objet d'un rapport du Conseil de l'emploi, des revenus et de la cohésion sociale (CERC), un organisme public connu pour son indépendance et la qualité de ses travaux[134]. S'appuyant sur les données statistiques et les études économiques produites par l'Insee et le ministère de l'Éducation nationale, ce rapport publié en mars 2003 reste une référence dans la controverse sur le financement de l'enseignement supérieur que citent d'ailleurs volontiers les partisans d'une hausse des frais d'inscription. Or, tout en prenant mille précautions méthodologiques compte tenu de la sensibilité politique du sujet et en avançant ses résultats avec prudence, il aboutit pourtant à une conclusion allant à l'encontre de tous leurs préjugés. Le système actuel de financement de l'enseignement supérieur aboutit bien à une redistribution verticale entre les ménages, certes de moindre ampleur que pour l'enseignement primaire et secondaire mais qui reste bien réelle[135]. Mieux, comme l'indique également le rapport en citant une étude conduite par un économiste irlandais, un tel constat n'est pas spécifique à la France[136]. Conscient que ce résultat risque de déplaire à ceux qui voudraient en finir avec la gratuité, le CERC l'introduit par une question : « Comment interpréter ce résultat, alors que l'accès aux études supérieures est surtout le fait des enfants de familles plus aisées, ce qui conduit à une masse de transferts en nature (les dépenses publiques pour le supérieur) croissant avec le niveau des revenus ? Le résultat traduit le fait que les inégalités d'accès à l'enseignement supérieur sont moins fortes que les inégalités de revenu. De ce fait, l'impôt ayant financé la dépense croît plus vite que celle-ci[137]. »

REDISTRIBUTION HORIZONTALE ET REDISTRIBUTION VERTICALE

La redistribution horizontale constitue un mécanisme de solidarité qui est à la base de la protection sociale et qui consiste à couvrir, de manière universelle, les individus contre certains risques sociaux. S'agissant de l'éducation, un tel mécanisme ne tient donc pas compte du niveau de revenu des ménages, mais de leur composition afin de compenser le coût supplémentaire induit par la présence d'un ou plusieurs enfants. Les ménages sans enfant (célibataires sans enfant, couples sans enfant, ménages n'ayant plus d'enfants scolarisés, retraités) contribuent ainsi au financement du système éducatif dont ils ont pu bénéficier dans le passé, en ayant eux-mêmes fait des études ou dont ils pourront bénéficier dans le futur, en ayant des enfants. La redistribution verticale a quant à elle pour objectif de réduire les inégalités de niveaux de vie entre les ménages, que ce soit à travers des transferts sociaux « en espèces », sous forme de prestations sociales, ou par l'intermédiaire de transferts « en nature », sous forme de services gratuits ou très peu chers. Ainsi, quand un élève fréquente une école, un collège ou un lycée public ou quand un étudiant accède à l'Université, le ménage auquel il appartient bénéficie d'un transfert en nature[138]. Richesses socialisées, ces transferts représentent en moyenne 23 % du revenu disponible des ménages français et sont répartis de manière beaucoup plus égalitaire que la richesse marchande. La part des services publics en nature offerts aux citoyens français dans leur consommation effective représente ainsi 73 % du revenu des ménages les plus pauvres, contre seulement 10 % de celui des ménages les plus aisés[139], ce qui permet de réduire les écarts de niveau de vie. Pour l'enseignement supérieur, cet effet de redistribution de richesses est moins évident car on y trouve davantage d'étudiants issus des ménages les plus aisés, mais il existe pourtant bel et bien.

C'est précisément ce qu'explique l'économiste Jean Gadrey : « On sait que les enfants des catégories aisées font des études plus longues et que, s'agissant d'enseignement supérieur public, eux-mêmes et leurs familles bénéficient en moyenne de plus de dépenses publiques que les familles pauvres. Certains en déduisent que “les pauvres paient pour les riches”. [...] Il faut tordre le cou à l'argument qui sert de prétexte aux libéraux pour exiger, au nom de l'égalité ou de l'équité, l'introduction de la concurrence marchande et la suppression corrélative de la gratuité dans les grands secteurs “sociaux”, éducation, santé et protection sociale comprises, sauf pour des “nécessiteux ciblés”. [...] Selon cette thèse, le système éducatif public pratiquerait, surtout dans le supérieur, une “redistribution à l'envers”, qui verrait les contribuables modestes payer les études des enfants des riches. Si cet argument était vérifié, ce serait un beau scandale et il faudrait en effet dénoncer cette situation. Mais il est en réalité inexact. [...] La dépense publique d'éducation supérieure “par enfant scolarisable” dont bénéficient en moyenne les

10 % de ménages les plus favorisés est 4 fois supérieure à celle qui revient aux 10 % des ménages les plus défavorisés. Pourtant, on ne peut parler de redistribution à l'envers. Car au départ, l'écart des revenus respectifs des ménages de ces deux groupes est de 1 à 9. Il y a donc "malgré tout", même dans l'enseignement supérieur, un effet de redistribution : en proportion de leurs revenus, les ménages pauvres reçoivent en moyenne plus que les riches en dépenses publiques d'enseignement supérieur. Pour être plus précis, on peut comparer ce rapport (de 1 à 4) des dépenses publiques pour les études supérieures des enfants des ménages des "déciles" extrêmes, au rapport de leurs contributions aux recettes publiques, via leurs impôts directs et indirects Or celui-ci est de 1 à 12 environ, si l'on tient compte des taux de contribution respectifs (tous impôts confondus). Concrètement, les 10 % les plus riches contribuent 12 fois plus que les 10 % les plus pauvres aux recettes publiques et n'en retirent (dans le supérieur, cas extrême) "que" 4 fois plus[140]. »

En dernière analyse, la gratuité et le financement public de l'enseignement supérieur ont donc un caractère redistributif, même s'il est de faible ampleur en raison de l'affaiblissement de la progressivité de l'impôt depuis trente ans et de l'inégalité structurelle du système d'enseignement qui interdit à nombre d'enfants issus des classes populaires d'accéder à l'enseignement supérieur. À l'adresse de ceux qui prétendent sincèrement revenir sur la quasi-gratuité des universités au nom du combat contre les inégalités, on ne saurait donc trop rappeler qu'y mettre un terme reviendrait à coup sûr à accentuer les inégalités d'accès à l'enseignement supérieur et la différenciation des parcours en son sein[141], et que l'essentiel de la reproduction scolaire des hiérarchies sociales se joue en fait bien en amont.

L'essentiel du problème se joue avant l'entrée dans l'enseignement supérieur

Depuis les travaux de Pierre Bourdieu et Jean-Claude Passeron dans les années 1960, ou de Christian Baudelot et Roger Establet dans les années 1970, c'est là un fait bien établi. Aujourd'hui encore, alors que 16 % des jeunes d'une même génération sortent du système éducatif sans diplôme, on trouve parmi eux 34 % d'enfants d'ouvriers, 26 % d'enfants d'employés, et seulement 7 % d'enfants de cadres[142]. Moins brutaux et moins précoces qu'autrefois, les mécanismes de sélection, opérant un tri continu dans la masse des élèves en âge d'être scolarisés, continuent donc de fonctionner à plein. Les inégalités sociales, économiques et culturelles au principe des inégalités d'apprentissage et des hiérarchies scolaires n'ont donc pas été véritablement battues en brèche. Plus encore, un double mouvement est venu contredire les promesses de démocratisation scolaire : la différenciation renforcée des filières du second cycle de l'enseignement secondaire et la ségrégation accrue entre les établissements, notamment les collèges, en réponse à l'assouplissement croissant de la carte scolaire. On a ainsi vu l'émergence de ces « exclus de l'intérieur », massivement issus des classes populaires et notamment de leurs fractions les plus paupérisées.

Le système d'enseignement persiste donc à effectuer un tri social à la fois plus progressif, car s'étalant sur un plus grand nombre d'années, et prenant les formes bigarrées du « décrochage cognitif », du piétinement (par le redoublement), de l'enfermement dans des établissements ségrégués, de la relégation dans les filières dites « spécialisées » et les dispositifs de « remédiation », de l'orientation vers l'enseignement professionnel. Outre l'école élémentaire, qui conserve une forte propension inégalitaire et joue un rôle crucial dans la reproduction des inégalités sociales devant l'école[143], le collège opère lui aussi un travail de division entre les élèves voués à « batailler » dans l'enseignement supérieur et dans le monde du travail pour accéder aux fonctions de direction, d'encadrement ou d'« expertise » (sans garantie d'y parvenir), et ceux qui sont appelés à occuper des fonctions d'exécution – dans les secteurs de la production et de la distribution des marchandises mais aussi des services aux personnes ou des administrations.

Par un écrémage progressif, l'école primaire et le collège préparent ainsi ce qu'on pourrait nommer le *grand partage* de fin de troisième. Grand partage, car c'est à ce palier d'orientation que sont sélectionnés négativement la plupart des jeunes qui rejoindront l'enseignement professionnel et, pour la majorité d'entre eux quelques années plus tard, la classe des salariés subalternes (ouvriers et employés). Une distinction très marquée s'opère dès lors entre les filières générales du lycée et les filières professionnelles où sont cantonnées une grande partie des élèves issus des classes populaires. La diffusion du baccalauréat a ainsi constitué une démocratisation en trompe-l'œil : si les enfants d'employés et d'ouvriers accèdent davantage au baccalauréat, ils sont largement surreprésentés au sein des baccalauréats professionnels, et à dans une moindre mesure parmi les bacheliers technologiques.

Quand on connaît les différents taux d'accès à l'enseignement supérieur des bacheliers généraux (99 %), technologiques (78 %) et professionnels (28 %)[144], on ne peut que constater que la première des inégalités tient donc, encore et toujours, dans les différences d'orientation et de réussite scolaire qui, de l'école maternelle au lycée, conditionnent les poursuites d'études au-delà du baccalauréat. La situation n'a donc guère évolué depuis ce qu'écrivaient Bourdieu et Passeron dès 1964 : « sans doute au niveau de l'enseignement supérieur, l'inégalité initiale des diverses couches sociales devant l'école apparaît d'abord dans le fait qu'elles y sont très inégalement représentées. Encore faudrait-il observer que la part des étudiants originaires des diverses classes ne reflète qu'incomplètement l'inégalité scolaire, les catégories sociales les plus représentées dans l'enseignement supérieur étant en même temps les moins représentées dans la population active[145]. » Mais à ces inégalités d'accès s'ajoutent celles qui naissent au sein même de l'enseignement supérieur sous la forme de différenciations hiérarchiques entre filières, entre disciplines et entre établissements. Les chances d'accéder à l'enseignement supérieur et, encore plus d'en sortir diplômé d'un établissement prestigieux ou d'une formation donnant accès aux postes d'encadrement et de direction, diffèrent encore fortement aujourd'hui selon la classe sociale d'origine.

Dans ces conditions, la hausse des frais d'inscription et de l'endettement des étudiants ne constituerait qu'une barrière supplémentaire pour les catégories les plus modestes. D'ailleurs, les écoles de commerce et de gestion, où les frais d'inscription ont explosé ces dernières années[146] et qui ont connu une augmentation de leurs effectifs de 184 % de 1990 à 2001, contre près de 22 % pour les universités dans la même période, n'accueillent toujours, en 2013, que 5,3 % d'enfants d'employés et 2,8 % d'enfants d'ouvriers, contre respectivement 12,3 % et 10,7 % d'enfants d'employés et ouvriers pour l'Université[147]. L'extension de leur public n'a donc en rien conduit à une quelconque forme d'« ouverture sociale ».

De même que la gratuité des musées n'assure pas par elle-même la démocratisation de la culture, la gratuité de l'enseignement supérieur ne garantit certes pas son caractère démocratique. Mais, envers et contre tous, il faut réaffirmer qu'elle en constitue bien une des conditions de possibilité, même si, dans l'état actuel des rapports de force politiques et idéologiques, une telle revendication a toutes les chances d'apparaître comme une utopie ou, pire, comme le symptôme pathologique d'un refus obstiné de la modernité. La situation est malgré tout en train d'évoluer. Les récents mouvements sociaux qui, en opposition au néolibéralisme scolaire, se sont développés ces dernières années dans un grand nombre de pays ont en effet conduit à ce que la gratuité redevienne une perspective réaliste.

3

Les leçons de l'étranger : mobilisations étudiantes et réouverture des possibles

Les références aux « modèles » étrangers sont incessamment convoquées par ceux qui veulent réformer l'enseignement supérieur en recourant toujours davantage aux financements privés et à l'augmentation des frais d'inscription. Elles constituent ainsi l'un des plus puissants leviers de légitimation des transformations en cours. Mobilisée à des fins politiques, la comparaison avec l'étranger tend de fait à occulter la diversité des modes de financement de l'enseignement supérieur à travers le monde. Dans les pays de l'OCDE les plus comparables à la France en termes de niveau de vie, il existe en effet un continuum de configurations allant de pays où l'accès à l'enseignement supérieur peut être très cher depuis très longtemps, comme aux États-Unis[148], ou gratuit et accompagné d'importantes aides pour les dépenses courantes, comme en Suède. On peut ainsi distinguer trois groupes de pays parmi les sociétés capitalistes les plus avancées : un premier qui rassemble les pays dans lesquels le niveau des dépenses publiques est largement supérieur à celui des dépenses privées (Danemark, Finlande, Norvège, Suède) ; un deuxième qui regroupe les pays dans lesquels le niveau des dépenses privées est supérieur ou comparable à celui des dépenses publiques (Australie, Canada, États-Unis, Japon, Royaume-Uni) ; un troisième qui est composé des pays dans lesquels les dépenses publiques sont supérieures aux dépenses privées tout en demeurant inférieures au niveau atteint dans les pays du premier groupe (Allemagne, Espagne, France, Italie)[149].

De cette diversité, les réformateurs ne veulent retenir que la tendance, bien réelle, au relèvement inexorable des frais d'inscription. Ainsi présenté comme un phénomène universel, celui-ci apparaît dès lors comme un processus naturel qui représenterait à la fois le sens et la fin de l'histoire de l'enseignement supérieur. C'est pourquoi il est indispensable de battre en brèche une telle vision téléologique et de rappeler que l'avenir promis par les réformateurs n'a rien d'une nécessité. Pour ce faire, il n'y a alors pas de meilleur moyen que de revenir sur les résistances qu'il a suscitées partout dans le monde dans la mesure où elles ont constitué autant d'occasions d'élaborer des projets politiques alternatifs. En effet, dans les luttes comme « dans les commencements, il arrive que les fonctions, les fonctionnements, des tas de choses qui ensuite entrent dans la routine de l'ordre établi, soient mis en question, en discussion[150] ».

LES PIONNIERS : LE CHILI ET L'AUSTRALIE

Le Chili, laboratoire du néolibéralisme éducatif

À de nombreux égards, le Chili est un laboratoire du néolibéralisme, où ce dernier a été expérimenté avant même d'être consacré en Grande-Bretagne ou aux États-Unis. Cette particularité est ancrée dans l'histoire du pays : le 11 septembre 1973, le général Augusto Pinochet renverse par un coup d'État le président élu Salvador Allende et son gouvernement d'*Unidad Popular* (Unité Populaire). Dans un contexte de guerre froide et de *containment* du communisme en Amérique latine, les États-Unis forment les tortionnaires du nouveau régime mais également une partie des économistes qui vont influer sur les politiques économiques mises en œuvre sous Pinochet : les « *Chicago Boys* », disciples exaltés du chef de file de la Chicago School of Economics Milton Friedman[151]. La prise de pouvoir et la dictature de Pinochet vont alors constituer la première expérimentation à grande échelle du monétarisme, à une époque où les grandes puissances capitalistes mènent encore des politiques d'inspiration keynésiennes et où les pays en développement sont souvent influencés par des préceptes sinon socialistes, du moins étatistes.

L'Université, qui était gratuite comme dans la plupart des pays latino-américains depuis la vague modernisatrice de 1918, est réformée par Pinochet en janvier 1981. L'enseignement supérieur est alors ouvert aux acteurs privés et les universités sont autorisées à réclamer des frais d'inscription aux étudiants. Un premier système de prêts étudiants public est mis en place : sous conditions de ressources, les étudiants des vingt-cinq meilleures universités chiliennes peuvent solliciter auprès de l'État un prêt couvrant l'essentiel des frais d'inscription, à un taux d'intérêt réduit. La veille de son départ, le 10 mars 1990, le dictateur promulgue la Loi organique constitutionnelle de l'enseignement (LOCE) qui étend la concurrence à l'enseignement primaire et secondaire et reformule le droit à l'éducation comme le droit des parents à envoyer leurs enfants dans l'établissement de leur choix. Le financement public de l'éducation est ainsi affecté aux établissements, qu'ils soient publics ou privés, selon le niveau de la demande éducative. L'État accorde en effet aux familles un bon (le *voucher*) pour chaque enfant. Les parents versent ce bon à l'établissement de leur choix, qui reçoit ainsi des fonds publics proportionnellement au nombre d'élèves inscrits. Dans le même temps, les établissements privés gardent le droit de sélectionner leurs élèves et de pratiquer des frais complémentaires, alors que les établissements publics doivent accepter toutes les demandes au tarif de base. Le Chili est également le pays dont l'enseignement supérieur est le plus privatisé : la dépense publique par étudiant, à pouvoir d'achat équivalent, y est la plus faible de l'OCDE. Sur 100 pesos chiliens dépensés par un établissement universitaire, 75 proviennent des « clients », pour seulement 60 dollars sur 100 aux États-Unis et 18 euros sur 100 en France[152]. La multiplication des établissements d'enseignement supérieur et le dynamisme économique chilien ont néanmoins permis une augmentation très forte de la population étudiante. On compte en effet au Chili plus d'un million d'étudiants pour 17 millions d'habitants. Mais le système de marché, ou de pseudo-marché, scolaire, a dans le même temps produit un profond accroissement des inégalités scolaires et de la ségrégation sociale, les élèves ayant les meilleurs résultats préférant rejoindre les établissements privés exigeant des frais additionnels au *voucher*. De plus, le coût de l'enseignement, en particulier dans le supérieur, est devenu une source de préoccupation majeure dans la mesure où la majorité des diplômés du supérieur ne trouvent pas d'emploi correspondant à leur niveau de qualification. Enfin, la qualité de l'enseignement supérieur est elle aussi fortement contestée alors même que le Chili possède l'un des systèmes universitaires les plus chers au monde.

Malgré quarante ans d'un néolibéralisme autoritaire fondé sur l'alliance du sabre et de la banque et une longue histoire d'éducation payante, cet ensemble de facteurs débouche sur le déclenchement d'une mobilisation massive des lycéens et des étudiants en 2011. Contre la logique capitaliste au cœur du système d'enseignement chilien, les étudiants adoptent pour mot d'ordre « *No al lucro en la educación* » [153]. Au cours du premier semestre, la mobilisation, d'abord uniquement étudiante, s'élargit progressivement : les coupes budgétaires et les multiples scandales[154], en un mot la crise de légitimité du système d'éducation, poussent les enseignants et même les recteurs à rejoindre le mouvement. Le 12 mai 2011, les recteurs bloquent eux-mêmes les établissements, ce qui interpelle ceux des étudiants jusque-là restés en cours, mais aussi leurs parents et la société chilienne dans son ensemble. Le début du mouvement a pu compter sur un syndicalisme étudiant puissant, structuré et fortement institutionnalisé dans la mesure où il gère une partie des droits sociaux des étudiants (attribution de bourses et de places en crèche par exemple). Des élections étudiantes par listes opposent régulièrement toutes les sensibilités politiques, et la liste majoritaire de chaque université y dirige le centre étudiant, gère les droits sociaux et organise les activités para-universitaires. Au niveau national, tous les courants et tous les centres étudiants se retrouvent dans une confédération syndicale unique, la Confech, qui articule des éléments de démocratie représentative (porte-parole clairement identifiés) avec une forte démocratie directe. L'instance principale reste ainsi l'assemblée générale d'université, qui peut décider des revendications et révoquer ses porte-parole, comme c'est arrivé à plusieurs reprises au cours de l'année 2011. Ce cocktail d'unité, de capacité de représentation et de démocratie directe a permis au mouvement de réagir aux initiatives du gouvernement tout en se radicalisant.

En termes de revendications, le mouvement a progressivement étoffé sa plateforme, le mot d'ordre « Non au profit » ne se limitant plus à l'éducation. Pour financer une Université pour tous et toutes, publique, gratuite et de qualité, les étudiants ont en effet été amenés à formuler des revendications radicales dont la portée économique et politique dépasse largement le seul enseignement supérieur. Ainsi, la proposition d'une nationalisation des entreprises du cuivre – ressource décisive du pays dont l'exploitation avait été partiellement nationalisée sous Allende – a-t-elle été avancée. Mieux, puisque c'est la Constitution de Pinochet qui a mis en marché l'éducation, le mouvement propose qu'une assemblée constituante soit élue pour la réécrire. À partir de la revendication de la gratuité, c'est donc bien à un profond bouleversement de l'ordre économique, social et politique qu'appelle le mouvement étudiant. Afin de mener à bien un tel programme, la Confech s'efforce de construire un mouvement social interprofessionnel en créant des liens avec les salariés. Cette extension du domaine de la lutte se nourrit de l'indignation suscitée par la répression subie par le mouvement étudiant, au point de déboucher sur la plus grande mobilisation sociale connue par le Chili depuis les années 1970, la première d'une telle ampleur depuis le coup d'État de Pinochet. Malgré cela, le meurtre par la police militaire d'un étudiant dans la nuit du 25 août 2011 porte un coup d'arrêt au mouvement qui s'essouffle peu à peu au mois de septembre.

Bien que la lutte étudiante n'ait pas emporté de victoire immédiate, sa résonance s'est avérée profonde, durable et générale : « Vouloir des universités gratuites et appartenant à l'État constitue un changement de paradigme culturel. Auparavant, le libre jeu des forces du marché était associé à la prospérité. On commence à remettre en question la nécessité de devoir payer les services sociaux, le contrôle des grands groupes sur les médias ou encore la concentration de la richesse. En fait, les étudiants constituent la pointe avancée d'une protestation générale contre un capitalisme élitiste qui extrait la rente de toutes les activités : le logement, les études, les médicaments, les banques, etc.[155] » La mobilisation a de fait suffisamment marqué de son empreinte la société chilienne pour amener, deux ans plus tard, la principale candidate à l'élection présidentielle Michelle Bachelet, à faire de la gratuité de l'éducation un élément central de son programme, et ce alors même qu'elle n'avait en rien remis en cause le système éducatif hérité de Pinochet lors de son premier mandat entre 2006 et 2010.

Grandeur et misère du « modèle » australien : vers une remise en cause du financement par la dette ?

Si le Chili a joué un rôle précurseur, c'est bien le cas de l'Australie qui est le plus souvent donné comme l'exemple à suivre par tous ceux qui prônent le recours aux frais d'inscription et à l'endettement étudiant comme mode de financement de l'enseignement supérieur. Alors que les frais d'inscription avaient été abolis en 1973 par les travaillistes de l'Australian Labor Party, ils ont été réinstaurés en 1985 avant d'être multipliés par 10 en 1989. Comme au Chili, cette hausse spectaculaire s'accompagne de la mise en place d'un système de prêt. Comme le rappelle l'économiste australien Bruce Chapman[156], qui fut l'un des pères de la réforme, ce changement radical fut justifié à l'époque par la contradiction entre l'accroissement rapide du nombre de jeunes parvenant au terme de leurs études secondaires et la lenteur de l'augmentation des places disponibles dans l'enseignement supérieur. Le gouvernement travailliste de l'époque refusait en effet d'accroître les dépenses publiques d'éducation sous prétexte que cela conduirait à des hausses d'impôt. Les ministres des Finances et de l'Enseignement supérieur étaient par ailleurs hautement favorables à une augmentation des frais d'inscription et à un financement privé des établissements d'enseignement supérieur. Rompant avec ce qui avait jusque-là constitué un postulat pour les travaillistes de l'Australian Labor Party, il s'agissait de faire payer les étudiants en se demandant quel mécanisme accompagnerait cette augmentation des frais : un système de bourses, des prêts auprès des banques privées garantis par l'État ou les PARC ? C'est cette troisième solution qui fut retenue sur la base d'un rapport rendu par Chapman. Ce choix ne fut bien sûr pas remis en cause par les conservateurs quand ils revinrent au pouvoir en 1996. Au fondement de ce système, alors largement consensuel dans le champ politique australien, on retrouve la logique néolibérale au cœur de la théorie du « capital humain » : puisque l'éducation est un investissement qui rapporte un « rendement privé » (un meilleur salaire une fois diplômé), les étudiants doivent participer au financement de leurs études et des établissements qui les accueillent. Le prêt est ensuite remboursé dès que le revenu dépasse un seuil donné. En 1997, le système connaît une évolution majeure qui renforce encore davantage la logique de régulation marchande : au motif que les coûts, tout comme les bénéfices potentiels, varient d'une filière à l'autre, les frais d'inscription sont modulés par discipline. Ainsi, les frais en sciences sociales s'élèvent à 3 300 dollars australiens contre 5 500 en médecine. Cela étant, le montant reste fixé par le gouvernement, ce qui lui sert de levier pour inciter les étudiants à choisir telle ou telle filière. Au terme d'une évolution d'une vingtaine d'années, le niveau des frais d'inscription variait en 2011 en Australie de 2 289 à 4 238 dollars (selon le cycle d'études, la filière et l'université choisie) dans les établissements publics – et de 6 696 à 7 026 dollars en moyenne dans les établissements privés[157].

En mettant en place un tel système, les objectifs des différents gouvernements qui se sont succédé au pouvoir étaient doubles : d'une part, dégager des moyens supplémentaires pour accroître la proportion de jeunes accédant à l'enseignement supérieur et, d'autre part, allonger les scolarités chez les classes populaires. En effet, dans la mesure où l'État fournissait des prêts et où leur remboursement n'était déclenché qu'en cas de réussite professionnelle, les frais d'inscription ne devaient pas, en principe, constituer une barrière économique à l'accès à l'enseignement supérieur. Le premier de ces objectifs a bien été rempli : alors qu'au milieu des années 1970 seulement 3 % des travailleurs australiens avaient un diplôme de l'enseignement supérieur, ce taux a atteint 25 % en 2012[158].

Même si l'accroissement de la population étudiante est un phénomène général à l'échelle internationale et même s'il est donc difficile de le mettre au crédit de la réforme, c'est d'abord pour cette raison que l'expérience australienne est généralement considérée comme une réussite et qu'elle a été érigée en modèle. Cependant, le bilan en termes de justice sociale est quant à lui plus mitigé : le taux d'enfants des classes populaires dans l'enseignement supérieur est resté stable alors que les réformateurs prétendaient l'augmenter. Comme le constate lui-même Chapman, c'est au sein des classes intermédiaires que l'élévation brutale des frais d'inscription a pu avoir un impact négatif, décourageant de potentiels étudiants issus de familles dont les revenus sont insuffisants pour payer ces frais sans contracter de prêts mais trop élevés pour bénéficier de bourses.

Malgré ces limites, l'expansion de l'enseignement supérieur australien et la hausse du nombre d'étudiants ont donc contribué à alimenter l'idée d'un bilan non pas globalement mais largement positif. Pourtant, ce « modèle » apparaît aujourd'hui à bout de souffle. Ainsi, depuis 2007, l'encours de la dette étudiante a augmenté de 10 milliards de dollars australiens pour atteindre actuellement plus de 26 milliards de dollars. Pour le gouvernement, qui prend en charge la différence entre le taux auquel il emprunte sur le marché financier et le taux réduit auquel il prête aux étudiants, cela représente un coût annuel de 600 millions de dollars. Pire, le taux de défaut est estimé par le gouvernement lui-même à 17 % ce qui signifie que plus de 6 milliards de dollars ne seront jamais remboursés. Or, malgré l'explosion de la dette étudiante et des coûts pour les finances publiques, le système australien s'avère incapable d'augmenter les moyens par étudiant. Ainsi, en dollars constants, la dépense par étudiant a-t-elle baissé de 14 % entre 1996 et 2003[159].

Plutôt que de s'interroger sur les impasses du modèle marchand, le nouveau gouvernement libéral-conservateur a annoncé sa volonté d'aller encore plus loin dans la voie de la dérégulation. Alors même qu'il doit faire face à la hausse inexorable des frais, à l'explosion de l'endettement, à l'impossibilité pour un nombre croissant d'étudiants de rembourser leur prêt, à la hausse continue des coûts du système de prêts pour les finances publiques et à l'incapacité d'un tel mode de financement à augmenter les moyens offerts à chaque étudiant, le ministre de l'Éducation Christopher Pyne a en effet proposé d'autoriser les universités à fixer elles-mêmes le montant des frais d'inscription, d'augmenter les taux d'intérêt appliqués aux prêts étudiants et de procéder à des coupes de l'ordre de 20 % du financement public des universités[160]. Une telle fuite en avant a alors déclenché l'un des plus importants mouvements de protestation étudiante de ces dernières années[161]. Mais au-delà de l'ampleur de la mobilisation, c'est d'abord le contenu des revendications qui s'avère le plus surprenant et le plus intéressant. De fait, la plupart de ceux qui, en France ou ailleurs, défendent le « modèle » australien le présente non seulement comme une réussite mais aussi comme faisant l'objet d'un large consensus social et politique. Or, les étudiants australiens n'ont nullement manifesté pour le maintien du *statu quo*. À l'occasion de ce mouvement de protestation, on a en effet vu émerger des mots d'ordre que d'aucuns auraient pu croire à jamais enterrés : « *no corporate universities* », « *no deregulation* », « *no fees* », « *public investment* », « *free education* ». Ainsi, même au paradis des frais d'inscription et de l'endettement sans douleur, un autre modèle semble possible et souhaitable.

Les cas du Chili et de l'Australie ont donc le mérite de rappeler que même dans des pays où semblait définitivement installé un enseignement supérieur organisé sur le modèle marchand et financé par les frais d'inscription et la dette, la situation est en passe d'évoluer. En s'intéressant au cas anglais et québécois, il s'agit maintenant d'étudier une configuration historique et politique opposée. En effet, alors que, comme en France, l'enseignement supérieur y était largement fondé sur la gratuité et la prédominance des financements publics, ces deux États connaissent des réformes visant à instaurer un système de financement reposant sur les frais d'inscription et la dette. Ils donnent ainsi une idée de l'avenir probable de l'enseignement supérieur en France.

RÉSISTER À L'EXTENSION DU DOMAINE DE LA MARCHANDISATION

L'Angleterre, un terrain de transformations récentes

Largement inspirée du modèle australien, la réforme du financement du système universitaire anglais a été amorcée à partir de la fin des années 1980. C'est en 1988, pendant le deuxième mandat de Margaret Thatcher, qu'est voté le *Education Reform Act* (ERA, « loi de réforme de l'éducation »). Si cette loi marque bien un pas décisif dans la transformation néolibérale de l'éducation, il faut cependant rappeler qu'elle s'inscrit en partie dans la continuité des mesures prises par les gouvernements travaillistes dans la deuxième moitié des années 1970. Le choc pétrolier de 1973 et la crise économique les conduisent en effet à réduire les dépenses publiques d'éducation. C'est également le moment où commence à s'imposer une conception de l'éducation comme ressource économique, dont la bonne gestion serait indispensable au maintien de la croissance du PIB. Le système éducatif est alors accusé d'être à l'origine du chômage des jeunes, faute de fournir des formations adaptées au marché du travail. Dans ce contexte, le *Education Reform Act* va inaugurer la mise en œuvre de la stratégie néolibérale en matière d'éducation :

décentralisation des responsabilités (une partie des prérogatives des autorités locales sont transférées aux établissements eux-mêmes), centralisation des décisions (l'État définit les *curricula* – programmes d'enseignement, organisation des cursus, etc. – et les critères d'évaluation des établissements) et injonction à la performance. En outre, cette loi instaure un financement de l'enseignement supérieur par une agence « indépendante » ne faisant pas institutionnellement partie du ministère de l'Éducation, le Higher Education Funding Council for England, ou HEFCE (Conseil anglais pour le financement de l'enseignement supérieur).

Alors que l'enseignement supérieur était jusque-là gratuit, le gouvernement de Tony Blair introduit les premiers frais d'inscription en 1998[162] : ils sont fixés à un niveau de 1 000 livres et sont modulés en fonction du revenu familial. En 2004, les travaillistes réforment de nouveau le financement de l'enseignement supérieur en autorisant les établissements, au nom des difficultés budgétaires qu'ils rencontrent, à réclamer des frais d'inscription pouvant aller jusqu'à 3 000 livres. Une dernière réforme, impulsée en décembre 2010, triple le plafond des frais d'inscription pour les étudiants anglais et communautaires (UE) et abaisse de 60 à 80 % les subventions publiques allouées à l'enseignement supérieur. Contre l'engagement électoral des libéraux, qui forment alors une coalition gouvernementale avec les conservateurs, ce plafond est ainsi relevé de 3 000 à 9 000 livres (11 000 euros). Il ne s'applique toutefois qu'aux formations de niveau licence : à partir du master, les frais d'inscription ne sont pas régulés par l'État. Un système de prêts garantis par l'État est mis en place pour assurer une « demande solvable » d'éducation[163]. Pour les étudiants d'Angleterre ou du Pays de Galles (ou les étudiants de de l'Union européenne financés par l'Angleterre ou le Pays de Galles), les prêts sont octroyés et gérés par la Student Loan Company (SLC), une agence indépendante mais supervisée par le ministère de l'Économie, de l'Innovation et des Compétences *(Department for Business, Innovation and Skills).* Une fois sorti du système éducatif, l'étudiant emprunteur aura l'obligation de rembourser dès que son revenu annuel excèdera 21 000 livres ou plus. Un taux d'intérêt s'ajoute à la somme prêtée initialement : il est équivalent à l'inflation pour les revenus de 21 000 livres, à l'inflation + 1 à 3 % pour les revenus situés entre 21 000 et 41 000 livres, à l'inflation + 3 % pour les revenus de plus de 41 000 livres. Le remboursement est prélevé à la source, en même temps que les impôts. Après trente ans, la dette est effacée (elle est aussi effacée si la personne décède avant d'avoir remboursé l'intégralité de la somme due).

La logique de ces transformations successives consiste à transférer le coût de l'éducation de l'État aux individus, tout en transformant les étudiants en autant de consommateurs d'un service éducatif et d'investisseurs en leur propre « capital humain ». La séquence réformatrice, de 1997 à 2010, marque donc un tournant dans les politiques éducatives en Angleterre : c'est en effet pendant cette période que s'est progressivement imposée l'idée que la privatisation du financement de l'éducation – au nom du « partage des coûts » entre le contribuable et l'étudiant – serait socialement plus juste que la gratuité, voire constituerait un levier de démocratisation de l'enseignement supérieur. Il est vrai que les inégalités sociales d'accès au système universitaire anglais sont criantes depuis longtemps et qu'elles se sont accrues au cours des années 1990, sans attendre la hausse des frais. Les réformes néolibérales de l'enseignement secondaire ont toutefois renforcé les inégalités de parcours scolaires dans l'enseignement secondaire, rendant plus improbable l'accès à l'enseignement supérieur pour les jeunes d'origine populaire. Au-delà des répercussions en termes d'inégalités d'accès aux études supérieures, la privatisation du financement des universités (augmentation des frais d'inscription et suppression des subventions publiques) transforme profondément le sens des études et le fonctionnement des établissements. En Angleterre, les étudiants deviennent *de facto* des clients de leur université, cette dernière étant sommée de leur fournir une formation immédiatement rentable sur le marché du travail mais aussi un ensemble de services : orientation professionnelle, campus agréable, équipements sportifs dernier cri, etc. Les formations proposées sont ainsi traitées par la direction de l'université comme des produits marchands parmi d'autres, dont le prix (les frais d'inscription) est – et sera de manière croissante – déterminé par la réputation de l'établissement (la valeur de sa « marque »), de la demande et du « rendement privé » du diplôme sur le marché du travail (les salaires que peuvent espérer les diplômés).

Alors que le néolibéralisme éducatif semblait ainsi avoir conquis une forme d'hégémonie idéologique et politique en Angleterre, imposant notamment l'idée que l'enseignement supérieur doit prioritairement rendre un service à l'économie (réduite aux entreprises privées) et aux étudiants, contre toute attente, ce consensus néolibéral vole subitement en éclats à l'automne 2010. Participant au gouvernement de coalition de David Cameron, les libéraux-démocrates, qui s'étaient en effet engagés à ne pas augmenter les frais d'inscription, ne tiennent finalement pas promesse. En réaction à cette trahison, les étudiants anglais se mobilisent en masse. Comme au Chili, les mots d'ordre du mouvement, d'abord défensifs, s'élargissent progressivement. Porté par une coordination, la National Campaign Against Fees and Cuts (NCAFC), une partie du mouvement étudiant insiste en effet sur la nécessité d'étendre la lutte à d'autres catégories sociales subissant elles aussi les conséquences de l'austérité. Le NCAFC appelle notamment à rejoindre le mouvement de grèves prévu dans le métro londonien entre le 28 et le 29 novembre. Alors que le mouvement social britannique était jusque-là caractérisé par son apathie face aux politiques d'austérité, cette volonté de convergence trouva un écho auprès du principal syndicat britannique, Unite, et de son chef Len McCluskey. En décembre 2010, celui-ci publie un article dans le *Guardian* dans lequel il appelle à « rejoindre les étudiants dans un large mouvement de grève afin de combattre les tentatives visant à étouffer l'État providence[164] ». Comme au Chili, le mouvement étudiant contre la hausse des frais d'inscription apparaît ainsi comme le creuset d'une possible convergence de luttes dont les objectifs revendicatifs ne seraient plus seulement sectoriels. Bien qu'elle n'ait pas empêché le vote, à une très courte majorité, de la hausse des frais d'inscription par le Parlement et que son intensité ait diminué, la mobilisation s'est pourtant prolongée jusqu'à aujourd'hui, chaque année universitaire étant émaillée de protestations. Une nouvelle manifestation s'annonce d'ores et déjà pour le mois de novembre 2014 avec un mot d'ordre cette fois résolument offensifs : « *Free Education. No fees. No cuts. No debt* ». Les étudiants entendent également se mobiliser dans le cadre d'une journée d'action organisée le 18 octobre par la confédération syndicale britannique, le Trade Union Congress, afin de réclamer des augmentations de salaire générales et significatives[165]. Née en 2010, la convergence des luttes avec les travailleurs salariés semble donc toujours d'actualité de même que les revendications d'une inversion des rapports de force entre capital et travail.

Une réforme néolibérale mise en échec : l'exemple du « printemps érable » québécois

Du point de vue du financement de l'enseignement supérieur, le Québec constitue une sorte d'enclave latine dans un bloc anglophone et néolibéral constitué du reste du Canada et des États-Unis. Ainsi, alors qu'au Chili, en Australie et au Royaume-Uni, les étudiants contestaient le système marchand en place, la mobilisation étudiante qu'a connue le Québec en 2011 a visé au contraire à défendre un système fondé sur des frais d'inscription faibles et un enseignement supérieur essentiellement public. Pourtant, les similitudes entre ces pays sont nombreuses.

Comme au Chili, en Australie et au Royaume-Uni, c'est un gouvernement libéral, celui de Jean Charest, qui fait face à une contestation étudiante. Tout commence en mars 2011 avec le dépôt par le ministre des Finances, Raymond Bachand, d'un budget comportant d'importantes coupes dans les services publics et annonçant une hausse, alors non chiffrée, des frais d'inscription. Par rapport à l'Angleterre, l'augmentation québécoise s'avère finalement de bien plus faible ampleur, le gouvernement québécois prétendant imposer une hausse progressive des frais de 75 % sur cinq ans qui les porterait à 1 625 dollars canadiens par an (1 000 euros). Après quelques actions sporadiques, une forte mobilisation commence à s'organiser à l'automne 2011 pour franchir un palier début 2012. La quasi-totalité du milieu étudiant rejoint alors le mouvement qui donne lieu à une contestation dont la portée dépasse les questions de politique universitaire : c'est en effet l'ensemble de la politique libérale menée par le gouvernement qui est prise pour cible. De fait, ce n'est pas tant la perte économique qui est au cœur du mouvement étudiant – la plupart des étudiants mobilisés auraient fini leurs études avant que la hausse ne soit complète, et on est bien loin des 11 000 euros anglais – qu'une certaine conception de l'Université et des études universitaires, entre service public et activité culturelle, radicalement opposée à la logique marchande du « capital humain ».

Comment expliquer que la mobilisation ait pris une telle ampleur ? Comme au Chili, les associations étudiantes jouent un rôle important au Québec : l'adhésion de tous les étudiants à l'unique association de l'établissement est obligatoire et lors des élections, c'est l'affiliation de l'association locale à l'une des fédérations qui est en jeu. Or, dans les universités et les Collège d'enseignement général et professionnel (Cégéps, intermédiaire entre le lycée et l'Université), l'Association pour une solidarité syndicale étudiante (ASSE), fédération syndicale radicale, mène campagne contre la hausse des frais d'inscription et gagne de nombreuses affiliations. Avec d'autres associations non affiliées, elle constitue la Coalition large de l'ASSE (CLASSE) pour organiser la mobilisation. Comme au Chili et au Royaume-Uni, le mouvement se construit en se fondant sur une vigoureuse démocratie directe, via les assemblées générales étudiantes qui permettent à la fois d'expliquer les raisons de la lutte, de débattre des moyens d'élargir la mobilisation et de désigner démocratiquement des porte-parole. Ces derniers ont notamment pour fonction de faire connaître et de défendre dans les médias les décisions prises par les représentants des associations locales, porteurs des motions des assemblées générales locales[166].

Face à l'intransigeance du gouvernement, la CLASSE appelle à la grève générale illimitée à partir du 14 février 2012. Après un mois d'extension et le ralliement d'autres fédérations, le 22 mars, les associations regroupant 300 000 étudiants (sur les 400 000 étudiants québécois) participent à la grève. Ce jour-là, une manifestation réunit 200 000 personnes dans les rues de Montréal. Forte de ce succès, la CLASSE appelle à une autre manifestation « pour un printemps québécois » le 14 avril, à laquelle se joignent des parents, des enseignants et des organisations de la défense des services publics. Le 27 avril, le Premier ministre Jean Charest réaffirme la hausse et les étudiants réagissent en organisant des manifestations nocturnes quotidiennes qui dureront près de deux mois. Le 5 mai, un compromis semble trouvé entre le gouvernement et une délégation de représentants étudiants dont est exclue la CLASSE : il s'agirait de compenser la hausse des frais d'inscription par une baisse des frais obligatoires perçus localement par les établissements. Les assemblées générales rejettent massivement cette idée et décident de reconduire la grève générale illimitée.

Quelques jours plus tard, Jean Charest change de ministre de l'Éducation et instaure la « loi 78 », qui réduit fortement le droit de grève et de manifestation des étudiants. Si les arrestations se multiplient, cette loi élargit l'opposition au gouvernement en mobilisant des défenseurs des droits démocratiques. Le 22 mai, ce sont 250 000 personnes qui défilent à Montréal. Des rassemblements de soutien aux québécois sont organisés dans de nombreuses villes canadiennes, mais aussi à New York et Paris. La mobilisation perdure au cours des mois suivants jusqu'à ce que le gouvernement convoque le 1er août des élections anticipées pour le 4 septembre. Les assemblées étudiantes commencent alors à voter une trêve ou l'arrêt de la grève. Le 4 septembre, le parti libéral de Jean Charest perd les élections et c'est le Parti québécois qui forme un gouvernement. La Première ministre Pauline Marois annonce l'annulation de la hausse des frais d'inscription et abroge la loi spéciale 78. Victorieuse, la mobilisation étudiante québécoise de 2011-2012 s'impose comme la plus marquante d'une succession de mouvements récents contre la marchandisation de l'Université en général et contre les frais d'inscription en particulier. Contre tous les fatalismes, elle apporte la preuve qu'un autre avenir est possible.

4

Soyons réalistes, demandons l'impossible ! Propositions pour une éducation par répartition

Presque partout dans le monde, la tendance est claire. Par la mise en concurrence des étudiants et des établissements, la promotion du « libre choix » et l'instauration des rapports clients/fournisseurs, les systèmes éducatifs tendent à être toujours davantage soumis à des logiques capitalistes. Dans tous les cas, l'enseignement supérieur est le premier visé. L'introduction de frais d'inscription dans les pays où l'éducation est gratuite, ou leur forte augmentation là où – comme en France – ils sont faibles, répond à une double nécessité fonctionnelle. En substituant à un financement public fondé sur l'impôt progressif un financement privé fondé sur la médiation des banques et des marchés financiers, il s'agit d'une part d'étendre la sphère d'influence du capital en faisant de l'éducation un nouveau terrain d'investissement et une nouvelle source de profit, et d'autre part, de discipliner chaque étudiant en le contraignant à se percevoir et à se comporter comme un calculateur rationnel : consommateur de prestations éducatives et investisseur en « capital humain », son but premier doit devenir la valorisation de ce « capital » sur le marché du travail. Or, en donnant ainsi une valeur marchande à l'éducation, on rompt avec l'idéal d'un système scolaire qui assurerait les conditions d'une émancipation individuelle et collective en donnant à chacun les instruments nécessaires pour être en mesure d'échapper aux déterminismes économiques et sociaux et de lutter contre toutes les formes de domination.

L'éducation par capitalisation vers laquelle tendent de nombreux pays, à des rythmes différents selon les résistances opposées par les étudiants et les personnels, repose sur un postulat simple : l'étudiant investit dans un parcours éducatif afin de tirer un revenu de cet investissement – investissement qui doit être rendu possible essentiellement par le développement des prêts aux étudiants et par la maximisation de sa rentabilité financière. La recherche de ce rendement s'inscrit alors dans une logique de concurrence entre établissements, entre filières et entre étudiants. On suppose ainsi que la concurrence va permettre de révéler la « valeur » d'une formation à travers son prix (les frais d'inscription) et d'inciter les individus à se conformer à une démarche d'entrepreneur, mettant systématiquement en balance les coûts et les avantages d'une poursuite d'étude.

Peu importe que cette option soit mise en défaut presque partout où elle est appliquée, et qu'elle soit à la fois plus inégalitaire, moins efficiente et incapable de financer un enseignement de qualité sur l'ensemble d'un territoire régional et national. L'objectif réel, sinon l'obsession, des élites politiques, économiques et académiques n'est ni de lutter contre les inégalités d'accès aux études supérieures, ni d'égaliser les moyens dont disposent les différents segments de l'enseignement supérieur ou d'assurer un financement pérenne aux institutions d'enseignement : il s'agit d'accentuer la logique qui fait de l'individu l'unique responsable de ses réussites et de ses échecs, tout en ouvrant des perspectives importantes de profits aux acteurs financiers dans un contexte où le système capitaliste demeure englué dans sa propre crise. Les inégalités sociales, essentielles pour comprendre les parcours éducatifs, sont tout simplement évincées du champ de l'analyse au risque de laisser un grand nombre d'étudiants sur le bord du chemin.

Cette éducation par capitalisation n'est pas sans rappeler le fonctionnement des systèmes de retraite dans certains pays : les régimes par capitalisation poussent les individus à placer – en général dans des fonds de pension – une épargne qui servira à financer leurs vieux jours. Or, il n'est plus besoin de démontrer le caractère hautement inégalitaire d'un tel système, mais aussi son instabilité et sa vulnérabilité aux emballements spéculatifs[167]. Il suffit pour s'en convaincre de constater les dégâts consécutifs à la crise des *subprimes*. Aux États-Unis, à partir de 2008, de nombreux retraités ont ainsi vu leurs pensions partir en fumée, les contraignant à reprendre ou à rechercher un emploi. Non contents de ces échecs patents (que les travaux critiques du néolibéralisme avaient su anticiper, subissant alors le mépris des économistes néoclassiques, des gouvernements et des institutions internationales), les thuriféraires de la capitalisation préfèrent persévérer dans ce qui n'est pas seulement une erreur ou le produit d'un égarement provisoire mais une politique durablement et délibérément ajustée aux intérêts privés. L'éducation, désormais soumise aux lois de la spéculation, s'éloignerait encore davantage de l'idéal d'un service public ouvert à tous et toutes.

À rebours de cette volonté régressive qui vise à soumettre l'éducation aux mécanismes de marché et qui fait peu de cas des méfaits largement avérés des politiques néolibérales, une autre éducation est non seulement possible mais également nécessaire. Tandis que de nombreux pays continuent de refuser la réduction de l'éducation à une marchandise, des mouvements sociaux se sont développés un peu partout pour protéger ou émanciper l'enseignement supérieur de ces logiques. Face à l'anti-modèle d'une éducation par capitalisation fondée sur le financement privé et s'appuyant sur la hausse des frais d'inscription, la financiarisation, le développement des prêts aux étudiants, la mise en concurrence des établissements et une autonomie de façade masquant une dépendance à l'égard des fonds privés (et donc des marchés financiers), la promotion d'une éducation par répartition est possible. Prenant l'exact contre-pied de la capitalisation, un tel système s'articulerait autour du financement public par un impôt progressif, de l'allocation universelle d'autonomie à destination des étudiants et de la coopération entre chercheurs et entre établissements d'enseignement supérieur. C'est donc un tout autre modèle éducatif que nous proposons ici : il constitue une alternative non seulement à celui que les réformateurs néolibéraux cherchent à imposer, mais aussi au système éducatif actuel. Plus largement, un tel modèle renvoie à un choix de société qui mettrait au premier plan les biens communs[168].

En somme, une éducation conçue comme un bien commun peut à la fois transmettre des savoirs utiles à l'ensemble de la société tout en étant beaucoup plus égalitaire socialement, à l'opposé d'une éducation envisagée comme une source de profits et contribuant à légitimer les inégalités sociales, à discipliner élèves et étudiants pour les ajuster à leurs rôles futurs dans la division du travail et à atrophier les potentialités individuelles et collectives en ne valorisant que les savoirs utiles à la rentabilisation du capital. Néanmoins, les propositions que nous formulons ici n'épuisent évidemment pas la question des transformations nécessaires du système éducatif[169] dans la mesure où elles ne concernent qu'un point précis quoique décisif, celui des frais d'inscription et plus largement du financement de l'enseignement supérieur.

Si nous pensons utile d'isoler la question des frais d'inscription afin de formuler aussi rigoureusement que possible les *principes* d'une autre réforme du financement de l'enseignement supérieur, il importe de ne pas séparer ce projet d'autres changements nécessaires tant dans l'ordre scolaire qu'en matière de fiscalité, d'emploi ou de logement. Le système éducatif français, même gratuit ou presque, est en effet actuellement ségrégué, concurrentiel et hiérarchisé, ce qui pèse à l'évidence sur les processus de production et de transmission des savoirs. Le mode de financement que nous proposons reposerait sur une fiscalité largement refondée autour d'un idéal de progressivité, permettant de dégager des ressources nouvelles pour financer les biens communs. Par ailleurs, il est difficilement imaginable de délégitimer un rapport étroitement utilitariste à l'école et aux savoirs, du côté des étudiants et des familles, si l'accès à l'emploi et au logement n'est pas considéré comme un droit inaliénable et si le chômage n'est pas éradiqué. En somme, l'éducation doit être pensée en lien avec les politiques de la fiscalité, du logement et de l'emploi, sans qu'une telle nécessité prête à l'inaction sur le front spécifiquement scolaire.

LES DEUX PILIERS D'UNE ÉDUCATION PAR RÉPARTITION

Une éducation par répartition peut être conçue comme un contrat social entre générations permettant d'offrir à la jeunesse de bonnes conditions d'études en contrepartie d'un engagement de chaque citoyen à participer, selon ses moyens, au financement du système. En s'appuyant sur un financement socialisé du système éducatif, il deviendrait possible de dépenser un surcroît d'argent public pour notre avenir collectif (et, pour ce qui nous occupe ici, de l'enseignement supérieur initial) et ainsi de mieux répartir entre générations les richesses produites à un instant donné. Ce système devrait, selon nous, reposer sur deux piliers fondamentaux : une allocation universelle d'autonomie accessible à l'ensemble des étudiants et un financement accru et pérenne des universités, notamment pour le cycle de licence. En conséquence, un système éducatif par répartition impliquerait l'absence de frais d'inscription dans tous les établissements d'enseignement supérieur.

Une éducation fondée sur l'autonomie des étudiants

Donner à tous les étudiants une véritable autonomie et les moyens de se consacrer pleinement à leurs études suppose d'accorder à chacun un financement garantissant une couverture du coût de la vie et des études pendant sa scolarité, indépendamment de sa situation familiale (autrement dit, sans condition de ressources). Nous considérons que cette allocation pourrait s'inscrire dans un des piliers déjà existants du système national de protection sociale : la famille. Dans un contexte de gratuité de l'accès à l'enseignement supérieur, nous proposons une allocation d'autonomie en deux parties, qui serait modulée suivant que l'étudiant est hébergé par ses parents ou non.

Continuer à être logé chez ses parents n'est généralement pas un choix délibéré mais l'effet d'une contrainte économique pour des étudiants dont les revenus ne permettent pas de quitter le domicile familial et, ainsi, de s'émanciper réellement de la tutelle familiale. On peut donc faire l'hypothèse qu'une telle allocation augmenterait la demande de logements. Pour éviter que l'allocation ne soit largement transférée aux propriétaires et afin d'accroître et d'améliorer le parc de logements disponibles, il nous semble nécessaire d'envisager la création d'un service public du logement qui prendrait non seulement en charge la construction massive de logements en résidence étudiante mais aussi la rénovation des logements existants, souvent en mauvais état, mal isolés, etc. Nous raisonnons donc sous cette hypothèse d'une nette amélioration de l'offre publique de logements.

Cette allocation ne pourrait évidemment être fixée en dessous du seuil de pauvreté correspondant à 60 % du revenu médian, soit 977 euros par mois en 2011. Nous proposons d'établir son montant à un niveau proche du Smic net. Nous retenons donc un montant d'allocation mensuelle de 1 000 euros (sur 12 mois) pour les étudiants qui ne sont pas logés chez leurs parents et de 600 euros (sur 12 mois également) pour les autres. Des travaux ont en effet estimé à 400 euros environ le niveau moyen des dépenses des étudiants (hors logement), tandis que le loyer moyen se situe aux alentours de 400 à 500 euros par mois selon les études, avec des disparités régionales (les loyers étant supérieurs notamment en région parisienne)[170]. Une allocation universelle d'autonomie de 600 euros par mois, complétée, le cas échéant, par 400 euros par mois pour le logement (éventuellement modulés en fonction de la région de résidence), permettrait ainsi d'offrir aux étudiants de bonnes conditions d'études, qu'ils continuent ou non d'habiter chez leurs parents.

Donner aux universités des moyens nécessaires à la réussite de tous les étudiants

Parallèlement, il s'agirait de donner aux universités les moyens d'assurer une réelle prise en charge et un suivi approfondi des étudiants, en particulier au niveau des licences qui accueillent une proportion notable et croissante d'étudiants d'origine populaire (bien davantage que les classes préparatoires pourtant beaucoup mieux dotées par l'État). Des ressources financières supplémentaires permettraient de favoriser la constitution de classes à effectif réduit, de mettre en place des cours de soutien et de rattrapage, voire d'envisager, pour certains étudiants, une année de transition et d'orientation (propédeutique) qui leur permettrait de combler des lacunes accumulées au cours de leurs études secondaires, de réfléchir à leur choix de parcours, et ainsi d'aborder dans de meilleures conditions la suite de leurs études supérieures.

Dans cette perspective, un principe élémentaire de justice sociale supposerait d'aligner la dépense annuelle moyenne par étudiant à l'Université (9 000 euros) sur celle qui a cours en classes préparatoires aux grandes écoles (14 000 euros), en accordant donc aux universités en moyenne 5 000 euros supplémentaires pour chaque étudiant inscrit en licence (avec d'évidentes modulations selon les caractéristiques des filières d'étude, certaines formations exigeant des achats de matériel technique parfois coûteux). Le choix de focaliser le rattrapage sur les licences dérive du constat selon lequel ce cycle de l'enseignement supérieur joue un rôle de transition – parfois difficile, en particulier pour les élèves les moins dotés en capitaux économique et culturel – entre les études secondaires et supérieures, qu'il est relativement mal doté (même si des disparités existent entre filières) et qu'il est source d'une importante ségrégation sociale. Or ce rattrapage n'a jamais été envisagé : le « plan pour la réussite en licence », annoncé par le gouvernement Sarkozy en 2007, ne prévoyait en effet qu'un montant cumulé de 730 millions d'euros sur la période 2007-2012, soit en moyenne 200 euros par étudiant et par an, ce qui est à mille lieues des besoins de financement de l'Université.

UNE ÉDUCATION PAR RÉPARTITION EST-ELLE SOUHAITABLE ?

Il est évidemment difficile de mesurer, avant leur mise en place, l'ampleur de la transformation sociale qu'induisent ces deux mesures (allocation universelle d'autonomie et hausse des moyens pour les licences), au cœur d'un projet d'éducation par répartition. On peut néanmoins soutenir, sans risque de se tromper, que leur mise en œuvre produirait un formidable saut qualitatif en établissant les conditions matérielles d'une égalisation des chances d'accès et de réussite dans l'enseignement supérieur ainsi que d'une réelle émancipation pour chacun.

Réduire les inégalités scolaires et sociales

L'éducation par répartition porte un enjeu majeur d'égalité. Le système d'enseignement supérieur français, dont la différenciation rime clairement avec hiérarchisation[171], tend en effet à accroître les difficultés rencontrées par les étudiants issus des classes populaires et, à un degré moindre, des classes intermédiaires : les portes des formations les mieux dotées et les plus réputées leur sont très peu ouvertes et les financements dont ils bénéficient – à travers leur formation ou les bourses qu'ils reçoivent – sont relativement modestes.

Ainsi, alors que les enfants de cadres et de professions intellectuelles supérieures ne représentent que 17 % de l'ensemble de la classe d'âge et 30,4 % des effectifs des universités, ils constituent 49,8 % du public des classes préparatoires. À l'inverse, les enfants d'ouvriers représentent 29,5 % de la classe d'âge mais sont sous-représentés aussi bien dans les universités (10,7 %) que dans les classes préparatoires (6,3 %)[172], sans parler des grandes écoles auxquelles les enfants d'ouvriers n'ont quasiment aucune chance d'accéder (ce qui constitue un fait ancien puisque, pour la génération née entre 1959 et 1968, le taux d'accès des enfants d'ouvriers n'excédait pas 1 %)[173]. La reproduction sociale analysée par Bourdieu et Passeron dès les années 1960[174] s'est donc maintenue en se transformant et en se complexifiant. Si les enfants issus des classes populaires ne sont plus exclus totalement des études supérieures, les parcours et établissements les plus prestigieux – notamment les grandes écoles – demeurent réservés à une élite sociale, tandis que la majorité des jeunes d'origine populaire s'engage dans les cursus socialement moins prisés, courts (IUT et surtout STS) et/ou professionnalisants[175].

En matière de dotation, les chiffres du ministère de l'Enseignement supérieur sont éloquents. La moyenne des dépenses annuelles par étudiant s'établit, comme indiqué plus haut, à 9 000 euros à l'Université contre 14 000 euros en classe préparatoire aux grandes écoles, et les disparités peuvent se révéler abyssales si l'on en croit les calculs de Pierre Courtioux[176] : à niveau bac +5, alors qu'un étudiant bénéficierait de 37 000 euros par an en moyenne, le financement ne s'établirait qu'à 18 000 euros dans un master à l'Université mais atteindrait jusqu'à 128 000 euros dans les écoles les plus prestigieuses qui rétribuent leurs étudiants. Afin de s'attaquer aux inégalités d'appropriation des savoirs et de parcours dans l'enseignement supérieur, il apparaît *a minima* nécessaire d'aligner les dépenses des établissements accueillant une part plus importante des étudiants issus de milieux défavorisés sur celles dont bénéficient les grandes écoles et les classes préparatoires.

Une politique de réduction des inégalités commande également d'établir, pour tous les étudiants, les conditions d'une prise en charge du coût de la vie pendant les études, autrement dit la compensation, par des aides publiques, des inégalités familiales. Comment accepter, en effet, que certains étudiants soient obligés de travailler, parfois dans des conditions et sous la contrainte d'horaires difficilement compatibles avec leurs études ? Comment accepter que certains étudiants soient amenés à arrêter leurs études pour des raisons strictement financières ? Comment accepter que certains étudiants soient condamnés à l'échec en raison d'un emploi régulier trop lourd ? Si l'on ne saurait expliquer par ce facteur l'ensemble des difficultés rencontrées par les étudiants, il est frappant de constater que le taux de réussite se situe en moyenne autour de 66 % pour les étudiants non-salariés contre un peu moins de 38 % pour les étudiants travaillant plus de 16 heures par semaine[177]. Or selon l'Observatoire de la vie étudiante, près de la moitié des inscrits dans l'enseignement supérieur exercent une activité rémunérée, le plus souvent sans lien avec leurs études et, pour la moitié d'entre eux, sur plus de six mois de l'année[178]. Au fond, comment accepter que les pouvoirs publics ne corrigent qu'à la marge les inégalités d'accès et de réussite naissant immanquablement d'un financement des études reposant, en grande partie, sur les transferts entre parents et enfants ? C'est tout l'enjeu de l'allocation universelle d'autonomie que nous proposons. Il s'agit en effet de dépasser tant le système de bourses sur critères sociaux, extrêmement peu généreux en France, que le système d'exonération fiscale pour les foyers les plus favorisés qui représente, en volume, une dépense comparable à celle dédiée aux bourses sur critères sociaux.

Cependant, pour qu'une telle politique produise des effets égalitaires, elle doit être financée par un effort équitablement réparti sur chacun et permettre à ceux et celles qui, habituellement, n'envisagent pas de s'engager dans des cursus longs, de le faire. Pour ce qui est de l'effort équitablement réparti, rien n'est plus efficace qu'un système par répartition fondé sur la cotisation sociale finançant l'allocation universelle d'autonomie couplé à un système d'imposition, national et progressif, assurant la gratuité et satisfaisant les besoins de financement de l'enseignement supérieur. National parce qu'il permet, contrairement aux logiques locales promues à travers la LRU, une péréquation entre établissements et entre territoires ; progressif afin de garantir un effort partagé et de permettre de lever effectivement les fonds importants que suppose un système éducatif gratuit et ambitieux.

Les prélèvements de l'impôt pourraient s'effectuer sur une assiette élargie à l'ensemble des revenus d'activité et du capital. Un des facteurs décisifs d'inégalités socio-économiques tenant dans les inégalités de patrimoine[179], l'impôt sur les successions et les donations apparaît comme un instrument important de redistribution. Or, aujourd'hui, il est possible de donner jusqu'à 100 000 euros à chacun de ses enfants sans payer d'impôts sur cette somme. Une des solutions consisterait à augmenter les droits de succession et de donation afin de financer les besoins de l'enseignement supérieur, voire de récupérer le montant de l'allocation universelle d'autonomie sur le montant de la succession et/ou de la donation si cette somme dépasse un certain seuil. En ce qui concerne le financement de l'allocation par la cotisation sociale, même s'il ne s'agit pas ici de poser la question de l'assiette de prélèvement, la question de son élargissement pourrait être soulevée. Il serait ainsi indispensable que chaque citoyen (ancien étudiant ou pas) participe à cet effort, si du moins l'on conçoit l'éducation comme un bien commun devant bénéficier à tous. Il serait parallèlement envisageable qu'une petite partie de cet effort soit lié au fait d'avoir réalisé tout ou partie de ses études dans le pays. Dans ce cas, le contrat social que constitue l'éducation par répartition supposerait d'exiger des anciens étudiants de contribuer à l'effort collectif même lorsqu'ils s'installent à l'étranger.

Enfin, une allocation universelle d'autonomie réduirait les risques de voir des étudiants issus de milieux populaires renoncer aux études supérieures ou préférer, contre leur gré, la poursuite de cursus courts. En supprimant une grande partie des difficultés financières et en diminuant les risques associés à un éventuel échec académique, une telle allocation permettrait à des familles modestes d'envisager des études parfois perçues comme trop coûteuses en cas d'échec ou dont les perspectives sociales et professionnelles paraissent lointaines ou difficiles à évaluer. En donnant la possibilité aux étudiants de se consacrer pleinement à leurs études sans s'endetter et en consacrant davantage de moyens à leur encadrement, une éducation par répartition permettrait ainsi aux moins favorisés de construire progressivement des cursus plus ambitieux tout en favorisant un rapport plus apaisé et moins utilitariste aux savoirs et aux études.

De ce point de vue, une éducation abondée sur fonds publics et financée dans le cadre d'un contrat social apparaît largement préférable à une éducation reposant sur des frais d'inscription et sur l'endettement privé. En raison de l'incertitude qui entoure les débouchés des études, l'endettement ne manquera pas en effet de pénaliser encore davantage les étudiants issus des classes populaires, moins confiants en leurs perspectives et donc moins enclins à s'engager dans des cursus qui leur paraissent risqués. De surcroît, des travaux suggèrent qu'un effort pour favoriser l'intégration à l'enseignement supérieur de tous les étudiants, peu importe leur origine sociale, est d'autant plus important que les générations suivantes, par un effet cumulatif, en bénéficient aussi[180]. Avec une éducation par répartition, c'est donc bien l'ensemble des étudiants et des générations, indépendamment de la classe sociale d'origine, qui pourrait prétendre à des études supérieures.

Faire de l'éducation un bien commun

Une éducation par répartition est également souhaitable parce qu'elle renvoie à une conception radicalement différente de celle qui s'impose, plus ou moins silencieusement, depuis plus de trente ans au niveau mondial. Plutôt que d'encourager l'individualisme des étudiants et plaider en faveur des vertus de la concurrence, la répartition valorise la capacité émancipatrice et la valeur sociale de l'enseignement supérieur, ainsi que les vertus associées à la coopération. Là où l'éducation par capitalisation favorise et légitime un utilitarisme étroit, l'éducation par répartition donne davantage de poids aux critères non pécuniaires dans les décisions des étudiants de s'engager dans telle ou telle filière de formation. Couplé à une révolution fiscale renforçant la progressivité des prélèvements obligatoires et assurant une meilleure taxation des revenus du capital, le financement par répartition réduirait nécessairement les écarts de rendements entre formations tels qu'ils peuvent être anticipés par les étudiants. L'attractivité d'un cursus deviendrait ainsi moins liée aux revenus futurs escomptés et l'individu pourrait aussi s'engager dans des voies socialement utiles jusque-là dévalorisées et désertées par les meilleurs étudiants[181].

La répartition a pour autre vertu de créer les conditions d'un débat pluraliste portant spécifiquement sur les politiques publiques d'éducation, c'est-à-dire d'élargir le périmètre de la délibération et de la décision démocratique. Le développement de filières, le nombre de places disponibles, les conditions d'accès, les collaborations entre institutions et les formes d'aides à mettre en œuvre pourraient ainsi faire l'objet d'un débat renouvelé et susciter de nouveaux espaces de démocratie alors qu'une éducation par capitalisation a nécessairement pour effet de déposséder les principaux acteurs concernés de toute prise de décision en s'en remettant purement et simplement aux mécanismes de marché pour arbitrer entre différentes options. Dans ce cadre, l'éducation est donc conçue non seulement comme un investissement collectif, justiciable à ce titre de processus démocratiques de décision, mais aussi comme un vecteur décisif du partage des savoirs, du développement des consciences, de l'émancipation de chacun et de la construction d'un vivre ensemble.

Enfin, parce que chaque étudiant bénéficie de l'allocation universelle d'autonomie et d'un niveau raisonnable d'encadrement quel que soit le cursus choisi, l'éducation par répartition tend vers une égalisation du traitement des étudiants par l'institution scolaire. De ce point de vue, elle se situe aux antipodes d'une éducation par capitalisation qui, contrairement aux apparences, remet fondamentalement en cause l'égalité de traitement. Comme nous l'avons démontré dans le chapitre 2, l'endettement des étudiants, même garanti par l'État et conditionné aux revenus, ne permet pas à tous d'accéder aux mêmes opportunités : il laisse les plus favorisés s'engager dans des études prestigieuses et coûteuses (sans forcément avoir besoin de s'endetter), tandis que les enfants des milieux plus populaires, face aux perspectives d'endettement et aux aléas conjoncturels, ne prennent généralement pas le risque de s'engager dans des voies similaires. Enfin, parce qu'elle est attribuée à chaque étudiant et qu'elle est identique pour tous, cette allocation universelle évite la stigmatisation d'une catégorie de bénéficiaires.

Si l'on prend au sérieux l'idéal d'une éducation comme bien commun, il apparaît crucial de s'opposer fermement et collectivement à toute initiative tendant à réduire l'éducation à un investissement individuel (matérialisé par les frais d'inscription et l'endettement) qui constituerait un obstacle de plus aux études pour les classes populaires et pour les fractions les plus modestes des classes moyennes. Le choix que nous proposons ici consiste ainsi à privilégier un contrat social reposant sur l'absence de barrières aux études (autrement dit sans frais d'inscription et avec une vraie autonomie des étudiants) et sur un financement par l'impôt et/ou les cotisations sociales qui a pour vertu de ne pas s'appuyer sur la situation à venir de l'étudiant – induisant souvent le renoncement aux études, de la part des étudiants d'origine populaire, face aux risques anticipés – mais sur la situation effective de l'ancien étudiant, une fois celui-ci entré dans la vie active.

Une éducation par répartition modifierait par ailleurs en profondeur la manière de fonctionner des établissements : financés à la hauteur de leurs besoins sans avoir à se concurrencer et faisant face à des étudiants entièrement consacrés à leurs études, ils pourraient se concentrer sur leurs missions principales. Dans ce système, les incitations et tendances à la polarisation du système éducatif seraient moindres et le territoire couvert par un réseau d'établissements de bonne qualité. L'étudiant ne se vivrait pas comme un client et l'Université ne serait pas perçue comme un fournisseur. Les collaborations seraient avant tout envisagées afin de répondre aux objectifs essentiels en matière d'enseignement et de recherche : la production et la transmission de savoirs, l'émancipation individuelle et la solidarité collective.

En outre, en opérant une redistribution de richesse au niveau national en direction des étudiants (dont nous savons qu'ils dépenseront la quasi-intégralité de leur revenu), l'éducation par répartition permet de soutenir la demande intérieure dans une période de crise. Cela sans oublier que retirer du marché du travail une main-d'œuvre précaire et corvéable est susceptible non seulement de libérer des emplois pour les actifs mais aussi de donner à ces derniers davantage de pouvoir de négociation sur le marché du travail.

Le financement du système présente enfin de nombreux avantages puisqu'il est peu sensible à la conjoncture, pérenne et équitable. Il prémunit l'éducation d'une financiarisation – c'est-à-dire d'un recours massif à l'endettement et d'une soumission aux soubresauts des marchés financiers – dont on a pu constater les méfaits dans tant de secteurs. L'éducation par répartition a même pour effet de réduire potentiellement l'impact des évolutions démographiques sur les dépenses publiques. En effet, si la population vieillit, il y a relativement plus de retraites à payer, mais relativement moins d'allocations universelles d'autonomie et de dotations par étudiant aux établissements à débourser. Inversement, si la population rajeunit, c'est la masse relative des retraites qui diminue mais celle des dépenses par étudiant qui augmente.

UNE ÉDUCATION PAR RÉPARTITION EST-ELLE POSSIBLE ?

Le projet que nous formulons apparaît donc particulièrement ambitieux et, à l'évidence, il impose des précisions quant à son coût et aux conditions d'accès à l'allocation universelle d'autonomie. Cela revient à poser la question des conditions de possibilité d'un tel dispositif : peut-on réellement envisager de s'orienter vers une éducation par répartition ? Ne comporte-t-elle pas un risque d'« effets d'aubaine » qui rendraient rapidement insoutenable sa mise en œuvre ? Son coût n'est-il pas déraisonnable, en particulier dans un contexte de crise économique où les dettes publiques sont déjà élevées et constituent le prétexte pour des politiques d'austérité toujours plus brutales[182] ?

Un projet irresponsable socialement ?

Le projet d'éducation par répartition ne peut se concevoir sans un ensemble de garde-fous et de conditions visant à réduire au maximum les possibilités de détournement. Dans le cas des universités, les moyens supplémentaires devront donc être effectivement consacrés à la réussite des étudiants (à travers, comme on l'a dit plus haut, des cours de soutien, des groupes à effectifs réduits, une transmission rationnelle et systématique des techniques du travail intellectuel, etc.) et non pas investis pour faire face à une concurrence entre établissements aussi coûteuse qu'étrangère aux intérêts des étudiants et des personnels. Associées à des critères stricts d'assiduité (nombre limité d'absences autorisées, présence aux examens, etc.) et à l'interdiction de cumul avec une activité rémunérée, ces conditions pourraient favoriser l'obtention du diplôme par les étudiants dans un délai raisonnable. Afin de limiter d'éventuels abus et de se prononcer sur le maintien ou non de l'allocation pour des étudiants ayant échoué aux examens, on pourrait imaginer la création de commissions, au niveau de chaque université, composées pour l'essentiel de représentants d'étudiants, de salariés et des pouvoirs publics. Au Danemark, l'allocation universelle est ainsi versée sous condition de passage dans l'année supérieure, avec une année de redoublement ou de réorientation possible (5 + 1 année au maximum, hors doctorat).

En outre, l'instauration de cette allocation universelle d'autonomie et l'augmentation des dotations des universités seraient cohérentes avec la politique d'allongement de la scolarisation menée par l'État depuis 1985 et visant à mener « 80 % d'une classe d'âge au niveau du bac ». Cette politique s'est en effet traduite par une forte augmentation du nombre d'élèves inscrits dans les filières générales mais aussi et surtout professionnelles et technologiques des lycées. Or, à l'issue de leur scolarité dans le second degré et à condition d'avoir satisfait aux épreuves de l'examen, les élèves des filières professionnelles et technologiques sont bel et bien titulaires d'un baccalauréat qui a comme propriété historique d'ouvrir de droit l'accès aux études supérieures. S'il n'y a ainsi jamais eu autant de bacheliers qu'aujourd'hui (65 % d'une classe d'âge en 2010), le bac n'a jamais été aussi différencié et hiérarchisé. Pour la première fois dans son histoire, la part de bacheliers professionnels et technologiques a ainsi excédé en 2012 la part de bacheliers généraux (39,6 % d'une classe d'âge contre 37,1 %).

Dans ces conditions, tout doit être mis en œuvre pour favoriser la réussite des élèves titulaires du baccalauréat en leur assurant de bonnes conditions d'étude. Avec la mise en place de l'allocation universelle d'autonomie et l'alignement des moyens par étudiant en licence sur ceux des classes préparatoires aux grandes écoles, les gouvernements contribueraient à rendre moins inégale l'éducation et commenceraient à se donner les moyens des ambitions affichées, ce qui est précisément la définition de la responsabilité.

Un projet insoutenable financièrement ?

Tout d'abord, il faut convenir que certains bénéficient déjà d'un modèle fondé sur une logique similaire à celle que nous proposons, en France comme à l'étranger. En France, plusieurs grandes écoles (Polytechnique, l'ENA, les Écoles normales supérieures...) sont des institutions qui forment de futurs fonctionnaires et qui, à ce titre, les rémunèrent pendant leurs études, le montant de leur traitement étant d'ailleurs supérieur à celui proposé pour l'allocation universelle d'autonomie. En contrepartie de cette rémunération, les étudiants en question s'engagent à servir l'État (un engagement de dix ans pour les fonctionnaires stagiaires des ENS, par exemple) ou, à défaut, de rembourser une partie des sommes perçues. Si ces règles sont parfois mal appliquées[183], elles fournissent à l'étudiant les conditions d'une autonomie dans le cadre d'un contrat social qui est le produit d'un choix politique. Aujourd'hui, ce type de contrats ne concerne qu'une partie extrêmement minoritaire de la population étudiante, essentiellement au sein de formations élitistes. Pourtant, par le passé, des systèmes similaires ont permis à un nombre significatif d'étudiants issus de milieux populaires de gravir l'échelle sociale en devenant enseignants grâce à une prise en charge similaire du coût de leur scolarité. Une telle démarche ne pourrait-elle pas être généralisée ?

À l'étranger, les travaux de l'OCDE montrent qu'il existe des systèmes de bourses plus ou moins généreux en fonction des pays. Alors que le modèle par capitalisation s'est largement développé depuis trente ans aux États-Unis, au Royaume-Uni, en Australie, au Canada ou au Chili, plusieurs pays se situent entre cette logique et celle d'un modèle d'éducation par répartition. Le Danemark est peut-être le pays qui se rapproche le plus de la logique de répartition : outre l'absence de frais d'inscription, les bourses sont ouvertes à tous (avec une différenciation selon que l'étudiant est logé par ses parents ou non, comme dans notre proposition). Des prêts complètent le dispositif sans pour autant réduire l'investissement public important, fondé sur des prélèvements obligatoires progressifs. Néanmoins, il est permis de s'interroger sur les risques inhérents à une financiarisation des études, même agrémentée de mécanismes prétendant aider les étudiants et répondre à des objectifs sociaux plus larges[184]. Cette perplexité découle avant tout du poids de la dette. Même limité, celui-ci demeure une source d'inquiétude pour les étudiants les moins favorisés (et un facteur d'inégalités par rapport aux étudiants qui, bénéficiant des ressources de leurs parents, n'ont pas besoin de prêts). De plus, l'existence même d'un système de prêt s'avère politiquement dangereux : une simple évolution des conditions d'emprunt pourrait en effet, sans s'embarrasser d'un débat démocratique, changer radicalement la nature de l'ensemble du système éducatif.

Enfin, si un financement plus important de l'éducation est souhaitable, il semble également largement possible, notamment lorsque l'on se fie aux chiffres de l'OCDE :

la France apparaît ainsi comme un pays relativement peu dépensier en matière d'enseignement supérieur. Avec 1,4 % de son PIB (dont 85 % de dépenses publiques), la France est légèrement en dessous de la moyenne des pays membres de l'OCDE (1,5 %) et très loin derrière les États-Unis qui consacrent bien davantage de moyens à l'enseignement supérieur (2,5 % de leur PIB), y compris lorsque l'on regarde les seules dépenses publiques (1,5 % du PIB). Cela conduit à des dépenses moyennes par étudiant de 14 000 dollars en France contre 30 000 dollars aux États-Unis ou au Canada. Si la différence entre la France et les États-Unis s'explique en grande partie par l'existence d'un financement privé du système éducatif étasunien, l'alignement des niveaux de dépense publique entre universités et classes préparatoires suffirait à couvrir les besoins de financement d'un système d'éducation par répartition.

Vers une évaluation chiffrée du projet d'éducation par répartition

Tout l'enjeu réside donc dans la capacité de l'État à dégager les sommes nécessaires. Peut-on chiffrer plus précisément le coût d'une éducation par répartition ? Un tel exercice, qui nécessite de formuler des hypothèses et de réaliser des simulations, n'est jamais aisé. Une hypothèse importante réside par exemple dans le nombre d'étudiants dans l'enseignement supérieur : si une éducation par répartition peut se révéler plus attractive aux yeux des étudiants, elle leur donne aussi les moyens de réussir plus rapidement leurs études en s'y consacrant pleinement. Le nombre d'étudiants sera certainement supérieur à ce qu'il est aujourd'hui mais le nombre de redoublements inférieur et les cursus choisis mieux adaptés. Il n'est donc pas absurde de considérer que le nombre d'inscriptions se maintiendra autour de 2,3 millions (dont 750 000 étudiants en licence)[185]. De même, l'Observatoire de la vie étudiante indique qu'un tiers des étudiants habitent chez leurs parents. Bien qu'il soit difficile d'estimer l'évolution possible de la décohabitation en lien avec la création de l'allocation universelle d'autonomie, celle-ci ne devrait pas, pour les raisons indiquées plus haut, transformer radicalement les pratiques en la matière.

Si un chiffrage précis est donc difficile, on peut raisonnablement estimer des ordres de grandeur. En 2012-2013, le nombre total d'étudiants inscrits dans l'enseignement supérieur s'élevait à 2 386 901. Le coût brut de l'allocation universelle d'autonomie, pour le montant de 1 000 euros mensuels que nous avons retenu (600 euros pour les étudiants hébergés par leurs parents, actuellement un tiers des 2,4 millions), s'établirait donc à environ 24 milliards d'euros par an à effectifs étudiants constants, dont on peut soustraire les économies mécaniquement réalisées sur d'autres aides[186] : tout d'abord les 2,8 milliards d'euros d'aides directes actuellement accordées par l'État (1,5 milliard d'euros correspondant aux bourses et prêts, 1,1 milliard d'euros aux allocations de logement social, 200 millions d'euros aux aides personnalisées au logement), auxquels s'ajoutent 300 millions d'euros d'aides indirectes correspondant au logement et à l'exonération des frais d'inscription sous leur forme actuelle mais aussi 1,6 milliard d'euros d'aides fiscales (qui, du reste, ont un caractère anti-redistributif). La mise en place de l'allocation universelle d'autonomie entraînerait la suppression de ces mécanismes d'aide, soit une économie de 5 milliards d'euros environ, au profit d'une allocation identique pour tous les étudiants quel que soit le revenu de leurs parents. Il en résulterait, pour la mise en œuvre de l'allocation universelle d'autonomie, un coût net de 19 milliards d'euros.

À ces 19 milliards s'ajoutent le coût de l'augmentation des moyens accordés aux cycles de licence – de l'ordre de 5 000 euros par étudiant et par an – afin d'aligner les dépenses publiques consacrées aux universités sur celles accordées aux classes préparatoires, soit un montant de 5 milliards d'euros environ, portant le coût global d'une réforme en faveur d'une éducation par répartition à 24 milliards d'euros par an (1,2 % du PIB).

Si la mise en place d'une éducation par répartition en France supposerait donc un effort budgétaire important, le faible poids de cette somme par rapport au PIB, de même que son poids comparé à l'ensemble des prélèvements obligatoires (qui se situent actuellement à environ 46 % du PIB), montrent qu'il s'agit d'un choix politique tout à fait envisageable. À titre de comparaison, ces 24 milliards d'euros représentent certes un doublement du budget de l'enseignement supérieur mais seulement 5 % du budget de la protection sociale, à peine la moitié des intérêts associés au remboursement d'une dette largement illégitime[187] qui pèsent à hauteur de 56 milliards d'euros sur le budget de l'État en 2013, ou encore une petite moitié du montant de l'évasion fiscale des multinationales (estimé à plus de 50 milliards d'euros par an). On pourrait également rappeler que le « crédit d'impôt pour la compétitivité et pour l'emploi » (CICE), entré en vigueur en 2013 sans aucune contrepartie en matière d'emploi, mobilise en année pleine 20 milliards d'euros, soit quasiment le montant nécessaire à la mise en place d'une éducation par répartition, sans qu'il ait semblé inconcevable, ni au gouvernement ni aux « experts » néolibéraux, d'envisager une telle dépense ! Mieux, ou pire, François Hollande a annoncé, fin 2013, 35 milliards d'euros de nouvelles exonérations de cotisations sociales aux entreprises dans le cadre du « pacte de responsabilité », dont le nom paraît d'autant plus mal choisi que les représentants du Medef ont fait savoir qu'ils refuseraient tout engagement concernant d'éventuelles contreparties à ces cadeaux fiscaux[188].

Un projet fondé sur un principe de solidarité intergénérationnelle

Un débat démocratique est évidemment nécessaire pour définir les contours d'une révolution fiscale qui permettrait à la puissance publique de bénéficier de ressources nouvelles, et des études plus approfondies devraient être réalisées sur les effets indirects d'une transformation radicale de la fiscalité dont le caractère progressif a été peu à peu battu en brèche depuis une trentaine d'années. Il n'en demeure pas moins que l'effort à consentir reste bien inférieur à celui, évidemment légitime, auquel donne lieu le financement des retraites (plus de 100 milliards d'euros par an). Il est surtout beaucoup moins important que l'effort accompli pour adopter notre système actuel de protection sociale au sortir de la guerre (assurance maladie, retraites, allocations familiales, couverture des accidents du travail et des maladies professionnelles, etc.) : la France, en volume, produit huit fois plus qu'en 1950, et le revenu réel par habitant a été multiplié par cinq en soixante ans.

Notre proposition se situe donc dans la continuité des réformes de structure mises en œuvre après la Seconde Guerre mondiale. Elle dispose à l'évidence des mêmes atouts et n'est pas plus utopique que ne l'était la mise en place d'un système socialisé de protection sociale dans le contexte d'une économie anémiée par plusieurs années de guerre et par la longue crise que connaissait le capitalisme depuis 1929. Le mécanisme d'éducation par répartition, qui est fondé sur un principe de solidarité intergénérationnelle comparable à celui qui est au fondement des régimes de retraite par répartition, constituerait une nouvelle brèche dans le système capitaliste en démarchandisant complètement le financement des études supérieures, les étudiants n'ayant plus à recourir à des aides parentales, à occuper un emploi salarié ou à contracter des prêts pour financer leurs années d'études. De la même manière que le système de retraite par répartition lie les actifs aux ex-actifs (retraités), l'éducation par répartition lie ces derniers aux futurs actifs que sont les étudiants, plaçant ainsi les actifs au centre d'un système de double identification : aux retraités qu'ils deviendront mais aussi aux étudiants qu'ils ont été.

La mise en place de l'allocation universelle d'autonomie pourrait se traduire par la création d'une nouvelle branche de la sécurité sociale ou par l'intégration de son financement à l'une des branches actuelles. Par exemple, au sein de la branche famille, le financement des 19 milliards d'euros représenterait une hausse de 3,1 points des cotisations patronales (elles sont aujourd'hui de 5,4 % et représentent 32 milliards d'euros). De son côté, l'augmentation de 5 milliards d'euros des moyens accordés aux licences universitaires pourrait davantage relever de l'impôt. Cela représenterait une hausse de 7 % des taux marginaux d'imposition sur le revenu (la première tranche restant à 0 %, la seconde passant de 5,5 % à 5,9 % et ainsi de suite jusqu'à la dernière tranche dont le taux passerait de 41 % à 43,9 %)[189]. Ces estimations n'ont pas d'autre ambition que de livrer des ordres de grandeur sans entrer dans une discussion plus vaste, qui excède largement l'objet de ce livre, sur la nécessité d'une refonte profonde de la fiscalité afin que celle-ci devienne plus équitable socialement et donc plus progressive, sur l'ensemble des revenus et des patrimoines. De même, un débat démocratique pourrait porter sur les avantages et inconvénients relatifs à d'éventuelles modulations des prélèvements en fonction du fait que l'individu a été, ou non, étudiant dans le pays.

Dans l'approche simple du financement que nous utilisons pour illustrer notre propos, il apparaît enfin que l'impact sur le revenu global, à l'échelle de toute une vie, reste modeste pour les individus : il est très intéressant pour les foyers avec enfants pendant la période des études supérieures mais relativement peu coûteux en dehors de ces périodes. Pour une famille ouvrière monoparentale avec deux enfants dont l'un prépare une licence et l'autre un master, en logeant hors du domicile familial, notre projet se traduit par une augmentation moyenne du revenu familial sur 40 ans de près de 6 %. Cette augmentation est de 5 % pour une famille disposant du revenu médian avec deux enfants réalisant un master hors du domicile. Elle réduit en revanche de 1 à 2 % le revenu des familles de cadres avec deux enfants atteignant le niveau de master. Les simulations ainsi réalisées montrent que le poids d'une telle réforme, pour les foyers, resterait largement supportable, tout en apparaissant socialement plus juste.

Un autre modèle de financement pour l'enseignement supérieur est donc possible : un modèle qui fait de l'éducation un bien commun profitable à l'ensemble de la collectivité et participant à la construction de liens sociaux ; un modèle égalitaire qui offre à chacun les ressources et les conditions nécessaires aux études (et qui permet donc aux enfants des classes populaires de s'engager dans des cursus longs s'ils le souhaitent) et se fonde sur la contribution de chacun en fonction de ses moyens ; un modèle efficace dans la mesure où il crée les conditions d'un encadrement de qualité, concentré sur ses missions essentielles et incitant les étudiants à se consacrer activement à leurs études ; un modèle simple, transparent et profondément démocratique ; un modèle peu sensible à la conjoncture, non soumis aux marchés financiers et adapté aux évolutions démographiques.

Cependant, la mise en place d'un tel modèle se situe à l'évidence à contre-courant de politiques publiques qui, dans tous les domaines et depuis les années 1980, marchandisent plutôt qu'elles ne socialisent, promeuvent la concurrence plutôt que la coopération, encouragent l'individualisme au détriment des solidarités collectives. Elle suppose donc non seulement d'assumer un choix de société à rebours du néolibéralisme mais aussi d'engager une confrontation avec les gouvernements et les forces sociales – patronat, organisations internationales, etc. – qui font pression sur les pouvoirs publics afin que ces derniers amorcent ou accélèrent le processus de financiarisation de l'enseignement supérieur. Comme on l'a montré plus haut, ces choix sont non seulement souhaitables socialement, mais aussi raisonnables financièrement, pour peu que s'opère une modification des rapports de force sociaux et politiques sous la pression de grandes mobilisations populaires et/ou à l'instigation d'un gouvernement qui lutterait contre l'emprise du capital sur l'éducation, et plus largement sur l'ensemble de la société.

À l'évidence, un enseignement supérieur par répartition ne résoudra pas, loin de s'en faut, tous les problèmes qui se posent au système éducatif: une grande partie des inégalités d'acquisition et de parcours trouvent leur origine bien en amont, dès l'école primaire, et résultent de l'incapacité du système éducatif à surmonter les disparités socioculturelles entre familles afin de permettre l'entrée de tous et toutes dans les apprentissages. De même, s'il n'entre pas dans l'objet de ce livre de discuter la division entre des filières prétendant former les élites futures (classes préparatoires, grandes écoles et facultés de médecine notamment) et les formations plus ouvertes socialement, il nous paraît évidemment contradictoire qu'une école conçue comme bien commun maintienne une telle division hiérarchique. Enfin, la mise en œuvre d'une éducation par répartition devrait s'accompagner, pour produire ses pleins effets, d'un ensemble de politiques excédant le seul domaine de l'éducation : en matière de logement par exemple, il s'agirait de faire en sorte qu'une partie des bénéfices d'une telle réforme ne soient pas confisqués par les propriétaires immobiliers privés. Mais s'engager sur ce chemin pourrait ouvrir la porte à de profonds changements et contribuer à créer les conditions d'une émancipation individuelle et collective, loin des contraintes de l'endettement et des frais d'inscription qui constituent un risque majeur pour notre système éducatif en condamnant l'étudiant et le citoyen à une servitude bien involontaire.

CONCLUSION

C'est précisément au moment où s'accroît le nombre de jeunes d'origine populaire accédant à l'enseignement supérieur, et plus précisément à l'Université, que se répand l'idée qu'il faudrait rompre avec la quasi-gratuité de cet ordre d'enseignement. Le paradoxe n'est qu'apparent. Quand l'enseignement supérieur accueillait une très large majorité d'« héritiers » et presque aucun enfant d'ouvrier ou d'employé[190], cette gratuité ne posait de problème à personne. Elle constituait sans doute le prix à payer – par la collectivité – pour la formation d'élites éclairées. De même, ce n'est que tout récemment que quelques hommes politiques ou experts, tardivement épris de justice sociale ou sentant venir le scandale, ont remis en cause la gratuité des classes préparatoires aux grandes écoles, dont on sait pourtant qu'elles n'ont cessé d'accueillir, au long du siècle passé et aujourd'hui encore, un public composé pour l'essentiel d'enfants appartenant aux classes favorisées et d'une infime proportion d'élèves issus de familles impécunieuses. C'est pourtant maintenant, au moment même où la gratuité des universités n'a jamais été aussi légitime compte tenu de leur ouverture, relative, à des jeunes issus des classes populaires et des fractions modestes des classes moyennes, que le gouvernement est pressé de toutes parts de réclamer aux étudiants des frais d'inscription élevés et d'imposer ainsi le principe « payer pour étudier ».

Les économistes néolibéraux d'aujourd'hui n'ont certes pas la verve et l'honnêteté des politiciens bourgeois du

XIXe siècle mais leur raisonnement revient souvent au même : « Lire, écrire, compter, voilà ce qu'il faut apprendre ; quant au reste, cela est superflu. [...] J'irai même jusqu'à dire que l'instruction est un commencement d'aisance, et que l'aisance n'est pas réservée à tous », affirmait l'illustre Adolphe Thiers[191]. Dans le même registre, le fondateur de Sciences-Po, Émile Boutmy, pouvait quant à lui déclarer : « Contraintes de subir le droit du plus nombreux, les classes qui se nomment elles-mêmes les classes élevées ne peuvent conserver leur hégémonie politique qu'en invoquant le droit du plus capable. Il faut que, derrière l'enceinte croulante de leurs prérogatives et de la tradition, le flot de la démocratie se heurte à un second rempart fait de mérites éclatants et utiles, de supériorité dont le prestige s'impose, de capacités dont on ne puisse pas se priver sans folie[192]. » Dès lors que l'on dissipe le brouillard savamment entretenu par la mathématisation des arguments économiques, on retrouve aujourd'hui une double crainte qui hante la pensée conservatrice et réactionnaire depuis au moins deux siècles. Reposant sur le mépris du populaire et l'adhésion aux idéaux d'excellence malheureusement largement partagée en milieu universitaire, cette crainte est à la fois celle que l'Université se dégrade au contact des enfants des classes populaires et qu'elle produise de futurs déclassés. Ainsi peut-on recommander une forte hausse des frais d'inscription à l'Université : en l'absence de sélection à l'entrée, ces frais contraindront les élèves scolairement les plus faibles et les plus rétifs au risque – qui ont davantage de chances de se recruter dans les classes populaires – à s'auto-exclure des études supérieures. Supprimer les élèves en difficulté pour en finir avec les difficultés de l'Université, que n'y avait-on songé auparavant ?

Comme on l'a montré dans ce livre, la hausse des frais d'inscription n'est ni souhaitable ni inexorable. Elle ne permettrait en rien d'améliorer l'équité du mode de financement de l'enseignement supérieur, pas plus qu'elle ne dégagerait des financements supplémentaires pour les filières qui en ont le plus besoin, notamment les universités. Ses principaux effets seraient tout autres. Du côté des étudiants, un enseignement supérieur fondé sur une logique fournisseur/client et la généralisation de l'endettement favoriseraient à n'en pas douter la production d'une subjectivité conforme au capitalisme néolibéral, obéissant à l'injonction faite à chaque individu de devenir entrepreneur de lui-même et à chaque salarié de se muer en petit porteur de « capital humain ». Du côté des établissements, la concurrence économique viendrait immanquablement supplanter l'émulation académique et constituerait un obstacle de plus aux coopérations entre chercheurs ou entre équipes. Elle accentuerait au passage la polarisation d'un système d'enseignement supérieur français déjà fondé sur une ségrégation entre des filières socialement sélectives et bien dotées, classes préparatoires et grandes écoles, et des universités privées des moyens leur permettant d'accueillir un public plus hétérogène socialement. Derrière le relèvement des frais d'inscription se profile également un formidable instrument de disciplinarisation. Il concernait d'abord les étudiants et les futurs salariés, condamnés, sous le poids d'une dette contractée pour payer leurs études, à des « choix » (de formation, de métier, etc.) purement utilitaristes. Il n'épargnerait pas non plus les personnels voués à la maximisation de leur productivité académique et à la valorisation d'établissements transformés en marques.

La mise en place de frais élevés dans différents pays permet de tirer certaines leçons. Le cas de l'Angleterre est sans doute l'un des plus riches d'enseignement pour la France. On peut en effet y observer toutes les aberrations qu'entraîne le déploiement de la logique managériale dans le secteur académique. Un exemple parmi d'autres : le riche et prestigieux King's Collège de Londres a annoncé avoir l'intention de licencier 120 scientifiques, pourtant de premier plan, afin de dégager des moyens pour mener à bien des opérations immobilières plus rentables financièrement que la recherche[193]. Si nous n'en sommes pas là en France en raison des résistances qu'opposent étudiants et personnels à la mise en marché de l'enseignement supérieur et de la recherche publique, voilà qui illustre l'absurdité d'une logique dans laquelle la production et la transmission des savoirs ne comptent guère face à l'injonction néolibérale à la maximisation de la valeur symbolique et matérielle des établissements.

La comparaison internationale nous montre également qu'il est possible d'arrêter les frais, que ce soit en interrompant leur augmentation, comme au Québec, ou en remettant en cause un système déjà très fortement marchandisé, comme au Chili. Pour y parvenir, les mobilisations sont parvenues à articuler trois fronts. C'est bien sûr par une forte mobilisation des premiers concernés, les étudiants, que peut émerger et s'enraciner la contestation. C'est d'ailleurs sans doute la raison pour laquelle une hausse importante et généralisée des frais de scolarité n'a pas encore été envisagée en France, dans la mesure où les mouvements étudiants ont régulièrement déstabilisé les gouvernements depuis trente ans – du mouvement contre l'instauration de la sélection en 1986 à celui contre le Contrat première embauche (CPE) en 2006 en passant par la mobilisation contre le « smic jeunes » en 1994. Au Québec comme au Chili, les récents mouvements étudiants, particulièrement massifs et durables, ont été initiés par les associations étudiantes. Dans les deux pays, les organisations radicales ont su convaincre la majorité des étudiants par un patient travail de conviction. Une fois la mobilisation engagée, le mélange de démocratie directe et de représentativité de ces associations a permis au mouvement d'être réactif et représenté dans les médias, sans pour autant que les secteurs les plus militants ne se coupent de la majorité des étudiants, grâce au retour régulier devant les assemblées générales d'établissement. Dans ces deux pays également, la mobilisation étudiante a su trouver des alliés, d'abord parmi les enseignants et l'ensemble des personnels des universités, puis plus largement dans la société (notamment dans les syndicats de salariés).

Parce que leurs conditions de travail sont profondément transformées par la logique que porte la hausse des frais d'inscription, les personnels des universités sont également concernés. Les universités françaises ne sont en effet pas épargnées par l'extension de la précarité, chez les vacataires, les doctorants et post-doctorants, mais aussi dans les services administratifs et techniques, qu'ils aient été externalisés ou non[194]. Bien au contraire, elle se développe à mesure que s'accentue la mise en concurrence des universités pour l'accès aux crédits de recherche et que s'approfondissent les conséquences de l'autonomisation budgétaire des établissements, enjoints à devenir autant de « centres de coûts et de profits », selon l'expression de Geneviève Fioraso. Mais l'instauration d'un prix de marché pour le service d'enseignement, à travers la libéralisation des frais d'inscription, marquerait un recul d'ampleur en rendant mécanique et direct le lien entre la valorisation économique de l'activité des personnels et les moyens dont dispose l'établissement. Par ailleurs, les avancées de la marchandisation de l'Université – pour l'instant partielles – pourraient se retourner contre la hausse des frais : si beaucoup de chemin reste à parcourir pour parvenir à un front commun, la distance entre enseignants, personnels non enseignants et étudiants s'est réduite, la situation précaire de nombre de personnels pouvant les disposer à la mobilisation aux côtés d'étudiants eux-mêmes précarisés. Cela sans oublier que les mobilisations contre les différentes déclinaisons de la LRU ou contre la réforme des retraites ont permis d'accumuler une expérience militante certaine dans le secteur.

Enfin, pour qu'une mobilisation contre les frais d'inscription puisse l'emporter, il faut également que la revendication de gratuité soit entendue dans l'ensemble de la population – et notamment au sein du salariat – comme celle d'un droit et non comme une revendication corporatiste d'enfants socialement favorisés profitant indûment de financements publics. Avec ce livre, nous espérons pour notre compte avoir contribué à traiter de la question des frais d'inscription sous deux angles, économique et idéologique, en montrant que la hausse des frais d'inscription est un mauvais calcul pour le plus grand nombre, et notamment pour les enfants des classes populaires, mais aussi un renoncement à un certain idéal associé aux services publics en général et à l'Université en particulier. Il ne s'agit en rien de faire de l'enseignement supérieur une enclave préservée des transformations de la société, un sanctuaire qu'il faudrait protéger de toute ingérence extérieure, mais de refuser que l'Université et les formations supérieures publiques (BTS, écoles de travail social, etc.) soient colonisées par la loi de la valeur et la logique de concurrence de chacun contre tous, loi et logique qui ne sont pas parvenues, pour l'instant du moins, à s'imposer complètement dans ce secteur. Non seulement celui-ci persiste à mettre à disposition des étudiants des armes intellectuelles émancipatrices avant qu'ils n'entrent dans le rapport de subordination que constitue le salariat, mais il porte également d'autres logiques que la seule loi du profit, comme le goût du savoir pour lui-même, l'épanouissement culturel, la curiosité intellectuelle, la réflexivité critique, etc.

L'éducation par répartition que nous proposons dans ce livre vise avant tout à donner aux étudiants les moyens d'étudier dans de bonnes conditions et à réduire la polarisation entre établissements. Néanmoins, nous n'oublions pas que l'enseignement supérieur n'opère pas en vase clos : il hérite largement d'inégalités construites tout au long des trajectoires scolaires, de la maternelle au lycée. Mais la dépendance opère dans les deux sens, et un enseignement supérieur refondé ne manquerait pas de redonner du sens aux études qui précèdent le baccalauréat. Tout comme la hausse des frais et la dette marchandisent les esprits, les désirs et les aspirations, gageons que l'éducation par répartition aurait des effets indirects sur la subjectivité des étudiants et futurs étudiants, légitimant un rapport aux savoirs et aux études libéré – au moins partiellement – des verdicts du marché du travail. En leur conférant une réelle autonomie et en reconnaissant les études comme une activité socialement utile, elle renforcerait par ailleurs leur position à l'entrée dans l'emploi mais également le système de sécurité sociale dans son ensemble. Il s'agit donc non de défendre l'Université telle qu'elle est mais d'affirmer qu'une autre transformation de l'Université est possible : on peut s'opposer à la marchandisation sans s'accrocher à un *statu quo* qui ne satisfait personne ni prétendre revenir à un passé idéalisé. Mieux : en mettant un coup d'arrêt à l'extension du domaine de la marchandise et à la rationalité étroitement capitaliste qu'elle véhicule, l'éducation par répartition redonnerait de la consistance à la logique des communs, plaidant en acte pour son expansion vers d'autres secteurs.

NOTES

1. Benoît Floc'h, « L'UNEF dénonce 42 universités pratiquant frais illégaux et sélection », *Le Monde*, 16 juillet 2014.
2. Entretien paru dans *Le Monde* du 18 septembre 2012.
3. Dépêche de l'Agence Éducation et Formation, 30 juin 2014.
4. Entretien paru dans la *Revue socialiste universitaire*, automne 2012, n° 1.
5. Sur le « cas » Sciences-Po, cf. « Sciences-Po : une forte ambition, une gestion alternative », *Rapport public thématique de la Cour des comptes*, novembre 2012.
6. Pour un récit (intéressé et forcément héroïque) de l'obtention par Dauphine du statut de « grand établissement » par le président de l'université lui-même, cf. Laurent Batsch, *Paris-Dauphine. Quand l'Université fait École*, Paris, PUF, 2014.
7. Voir notamment Philippe Jacqué, « L'université Paris-Dauphine augmente les frais de scolarité de ses masters », *Le Monde*, 2 février 2010.
8. Contre l'avis rendu par le Conseil d'État au gouvernement et avec l'aval de la ministre de l'Enseignement supérieur et de la Recherche Valérie Pécresse, l'université Paris IX-Dauphine introduit en 2010 une tarification d'une partie de ses diplômes de master d'économie-gestion sans effectuer pour autant de réelles transformations de l'offre de formation. « La délibération d'un établissement public à caractère scientifique, culturel et professionnel qui requalifierait à l'identique ou, du moins, sans changement substantiel, un diplôme national qu'il a été habilité à délivrer, en diplôme propre, aux seules fins d'échapper à la règlementation des droits d'inscription prévue par la loi du 24 mai 1951 pourrait être regardée comme entachée d'un détournement de pouvoir de nature à justifier son annulation contentieuse » (Avis du Conseil d'État, n° 381.333 du 19 février 2008).
9. Marie-Christine Corbier, « Écoles des Mines : les frais d'inscription des étudiants s'envolent », *Les Échos*, 24 février 2014 et « Enseignement supérieur : l'École des Ponts et Chaussées augmente aussi ses frais d'inscription », *Les Échos*, 20 mai 2014.
10. Lucie Delaporte, « Frais d'inscription dans l'enseignement supérieur : l'offensive est lancée », *Médiapart*, 18 mars 2014.

11. Isabelle Rey-Lefebvre, « Les universités s'interrogent sur le coût de la scolarité des étudiants étrangers », *Le Monde*, 16 avril 2013. De même, Manuel Valls, alors ministre de l'Intérieur, s'est exprimé plusieurs fois sur le sujet, rappelant qu'il existait « déjà un cadre légal, résultant d'un décret de 2002 » précisant qu'il est nécessaire de « *prendre le temps de l'évaluation* » (Assemblée nationale, XIVe législature, compte rendu intégral de la deuxième séance du jeudi 13 juin 2013).
12. « En faisant payer les étudiants étrangers, nous aurions les moyens d'accueillir 500 000 étudiants de plus, et de mener une politique ambitieuse et autofinancée de développement, quitte à l'accompagner d'un système généreux de bourses d'études », Pierre Tapie, président de la Conférence des grandes écoles, cité *in ibid.*
13. Lucie Delaporte, « Hausse des frais dans le supérieur : le dossier qui attend Hamon », *Médiapart*, 11 avril 2014.
14. Nicolas Colin, « Pour une contribution plus juste au système d'enseignement supérieur », institut Montaigne, rapport technique, 2008.
15. Pierre-André Chiappori, « Financement de l'enseignement supérieur : quelle place pour les entreprises ? », Institut de l'entreprise, rapport technique, 2011.
16. Terra Nova, *Faire réussir nos étudiants, faire progresser la France. Pour un sursaut vers la société de la connaissance*, contribution n° 12, projet 2012.
17. L. Batsch, *Paris-Dauphine. Quand l'Université fait École*, *op. cit.*, p. 85.
18. Citée *in* Marie-Christine Corbier, « Les universités incitées à devenir des centres de coûts et de profits », *Les Échos*, 23 janvier 2014.
19. Cf. Keith Dixon, *Un digne héritier. Blair et le thatchérisme*, Paris, Raisons d'agir, 2000.
20. Cf. Mariana Mazzucato, *The Entrepreneurial State*, Londres, Demos, 2011.
21. Voir notamment ses deux tribunes : « Instaurer la sélection à l'entrée de l'université », *Le Figaro*, 15 octobre 2007 ; « Université : insérer d'abord ? », *L'Express*, 3 juin 2006.
22. « On peut imaginer des systèmes de financement différents entre les premières et les dernières années d'études, avec une répartition

différente de l'investissement de l'État, plus fort au départ, et de l'investissement de l'étudiant, plus fort en fin d'études. Il faudrait aussi une progressivité des droits. Il est absurde de faire des droits d'inscription fixes. Les Français n'accepteront d'augmenter leur contribution financière qu'à la condition que l'on répartisse plus équitablement la charge. » (Louis Vogel, « Il faudrait une progressivité des droits d'inscription à l'université », *Les Échos,* 8 février 2012, p. 4).

23. Insee, *La Répartition des dépenses publiques de l'enseignement supérieur et des aides associées*, note de synthèse rédigée à la demande de la CPU, décembre 2011.
24. ARESER (Association de réflexion sur les enseignements supérieurs et la recherche), *Quelques diagnostics et remèdes urgents pour une université en péril*, Paris, Raisons d'agir, 1997. Voir également GRDS, *L'École commune*, Paris, La Fabrique, 2012.
25. Sur le coût total du « pacte de responsabilité et de solidarité » mis en œuvre par le gouvernement Valls, cf. Jean-Baptiste Chastand et Patrick Roger, « Les zones d'ombre du plan de rigueur de Valls », *Le Monde*, 3 mai 2014.
26. Pour plus de précisions sur ce processus, cf. Christian Laval et Louis Weber (dir.), *Le Nouvel Ordre éducatif mondial*, Paris, Syllepse/Nouveaux regards, 2002. Epuisé, le livre est depuis peu disponible sur le site de l'institut de recherche de la FSU.
27. Cf. Yves Dezalay et Bryant Garth, « Le "Washington consensus" », *Actes de la recherche en sciences sociales*, 121-122, 1998, p. 3-22.
28. Banque mondiale, *Priorités et stratégies pour l'éducation*, Washington, 1995, p. 166 *sqq.*
29. Banque mondiale, *Higher Education. The Lessons of Experience*, Washington, 1994, p. 1.
30. Cf. Annie Vinokur, « La Banque mondiale et les politiques d'"ajustement" scolaire dans les pays en voie de développement », *Revue Tiers Monde*, 112, (28), 1987, p. 919-934.
31. Cf. Michael Gibbons, *Higher Education Relevance in the 21st Century*, Washington, Banque mondiale, 1998.
32. Unesco, *L'Enseignement supérieur dans le monde, statistiques 1980-1995*, Paris, 1998.
33. OCDE, *L'Économie fondée sur le savoir*, Paris, 1996 ; OCDE, *Redéfinir l'enseignement tertiaire*, Paris, 1998.

34. Commission européenne, *Croissance, compétitivité, emploi. Les défis et les pistes pour entrer dans le XXIe siècle*, 1993 ; Commission européenne, *Livre blanc sur l'éducation et la formation. Enseigner et apprendre. Vers la société cognitive*, 1995.
35. Sur ce point, cf. Pierre Milot, « La reconfiguration des universités selon l'OCDE. Économie du savoir et politique de l'innovation », *Actes de la recherche en sciences sociales*, 148, 2003, p. 68-73.
36. Le Conseil d'analyse économique (CAE) est un organisme placé auprès du Premier ministre. Il a vocation à fournir des analyses économiques pour le gouvernement. Ses rapports sont rendus publics. Cf. sur ce sujet la thèse en cours de Jérémy Clairat: http://www.theses.fr/s97005
37. Philippe Aghion et Élie Cohen, *Éducation et croissance*, Paris, La Documentation française, 2004, p. 34.
38. *Ibid.*, p. 107.
39. *Ibid.*, p. 109.
40. Loi du 10 août 2007 relative aux libertés et responsabilités des universités.
41. Cf. Mediapart, « L'Université : la concurrence pousse à l'excellence », entretien avec Philippe Aghion, 2012.
42. Institut Montaigne, « Pour une contribution plus juste au financement de l'enseignement supérieur », octobre 2008.
43. Terra Nova, *Faire réussir nos étudiants, faire progresser la France. Pour un sursaut vers la société de la connaissance*, contribution n° 12, projet 2012, p. 18 et p. 86.
44. Conférence des présidents d'université, « Pour une refonte du modèle économique : effets "redistributifs", équité et efficience », Synthèse des réflexions du groupe de travail « Économie du Sup », septembre 2011, p. 1.
45. Cf. Julien Duval, *Le Mythe du « trou de la Sécu »*, Paris, Raisons d'agir, 2007.
46. « Vingt-neuf personnalités lancent un appel à "refonder l'université" », *Le Monde*, 14 mai 2009
47. François Vatin et Antoine Vernet, « La crise de l'Université française : une perspective historique et socio-démographique », *Revue du MAUSS*, 33, 2009, p. 47.
48. Alain Caillé et François Vatin, « Onze modestes propositions de réforme de l'Université », *Revue du MAUSS*, 33, 2009, p. 423.

49. Romuald Bodin et Sophie Orange, *L'Université n'est pas en crise*, Bellecombe-en-Bauge, Le Croquant, 2013. Bodin et Orange ne sont d'ailleurs pas les premiers à faire la critique argumentée des usages de la notion de « crise » pour qualifier les transformations contemporaines de l'Université et des pseudo-arguments qui ne doivent qu'à l'oubli médiatiquement entretenu des prises de position passées de pouvoir encore être formulés. Ainsi, en 1981, dans un livre intitulé *Les Étudiants, l'emploi et la crise*, Christian Baudelot et Roger Establet proposaient déjà une critique serrée de l'idée selon laquelle la massification scolaire aurait transformé les universités en autant d'« usines à chômeurs » (Christian Baudelot et Roger Establet (dir.), Paris, Maspéro, 1981).
50. L'expression est utilisée par Olivier Beaud, Alain Caillé, Pierre Encrenaz, Marcel Gauchet et François Vatin dans l'introduction de leur ouvrage *Refonder l'Université. Pourquoi l'enseignement supérieur reste à reconstruire*, Paris, La Découverte, 2010.
51. Cf. Sophie Orange, *L'Autre enseignement supérieur. Les BTS et la gestion des aspirations scolaires*, Paris, PUF, 2013.
52. Cf. Bernard Convert, « Espace de l'enseignement supérieur et stratégies étudiantes », *Actes de la recherche en sciences sociales*, 183, 2010.
53. R. Bodin et S. Orange, *L'Université n'est pas en crise*, *op. cit.*, p. 116.
54. *Ibid.*, p. 120-121.
55. Cette expression désigne la croissance rapide et massive des effectifs d'abord dans les lycées puis dans les universités à la suite de la politique dite des « 80 % au bac », c'est-à-dire notamment la suppression du palier d'orientation en fin de cinquième et la création du baccalauréat professionnel.
56. Sur ce point, cf. Tristan Poullaouec, *Le Diplôme, arme des faibles. Les familles ouvrières et l'école*, Paris, La Dispute, 2010 ; Stéphane Beaud et Bernard Convert, « "30 % de boursiers" en grande école… et après ? », *Actes de la recherche en sciences sociales*, 183, 2010, p. 4-13. Dans un autre registre, cf. également Éric Maurin, *La Nouvelle Question scolaire. Les bénéfices de la démocratisation*, Paris, Seuil, 2007.
57. Respectivement professeur émérite de sociologie à l'université Paris X-Nanterre et directeur de la *Revue du MAUSS*, professeur

de sociologie à l'université Paris X-Nanterre et professeur de droit public à l'université Paris II-Assas.

58. *Libération*, 9 janvier 2014.
59. Sur ce point, cf. P.E.C.R.E.S., *Recherche précarisée, recherche atomisée. Production et transmission de savoirs à l'heure de la précarisation*, Paris, Raisons d'agir, 2011.
60. Cf. R Bodin et S. Orange, *L'Université n'est pas en crise, op. cit.*
61. O. Beaud, A. Caillé, Pierre Encrenaz, M. Gauchet et F. Vatin, *Refonder l'Université, op. cit.*, p. 181.
62. François Vatin, « Une augmentation des droits ne pourrait être efficace qu'accompagnée d'importantes réformes », http://debats.terrafemina.com/societe/376-universites-faut-il-augmenter-les-frais-dinscription/5621-une-augmentation-des-droits-ne-pourrait-etre-efficace-quaccompagnee-dimportantes-reformes
63. Olivier Beaud, « Sélection à l'entrée de l'université : arrêtons l'hypocrisie ! », *Le Monde*, 10 juin 2014.
64. Fabien Éloire, « Le classement de Shanghai. Histoire, analyse et critique », *L'Homme et la société*, (4), 178, 2010, p. 18.
65. Cité par F. Éloire, art. cit., p. 23-24.
66. Cf. Isabelle Bruno et Emmanuel Didier, *Benchmarking. L'État sous pression statistique*, Paris, La Découverte, 2013.
67. Se comparer à la situation des universitaires en poste dans les établissements d'élite d'Amérique du Nord est certainement déterminant dans ce sentiment de déclassement qui caractérise les universitaires français. Cela étant, il serait aussi certainement très instructif d'interroger ceux d'entre eux qui sont passés par les classes préparatoires et/ou les grandes écoles sur le rapport qu'ils entretiennent avec la position sociale de leurs camarades de promotion ayant choisi des voies professionnelles plus lucratives.
68. Robert Gary-Bobo et Alain Trannoy, « Efficient tuition & fees, examinations and subsidies », décembre 2004, p. 2.
69. *Ibid.*, p. 6-9.
70. Robert Gary-Bobo et Alain Trannoy, « Faut-il augmenter les droits d'inscription à l'université ? », *Revue française d'économie*, (19), 3, 2005, p. 191.
71. Créée en 1950, l'AFSE regroupe des économistes issus de l'Université, de l'administration et des entreprises. Elle a notamment

pour objectif d'organiser un congrès annuel et de décerner un prix de thèse en économie. Représentant le courant orthodoxe dominant en économie, elle se positionne comme l'association de référence au sein du champ académique en France. Depuis 2010, il existe une autre association d'économistes s'inscrivant elle aussi dans les luttes internes au champ académique et promouvant une vision alternative de l'économie: l'Association française d'économie politique (AFEP). Elle regroupe des économistes dits « hétérodoxes ».

72. Antoine d'Autume, Pascal Le Merrer et Jean Pisani-Ferry, « Financement et organisation de l'enseignement supérieur: vers un nouveau modèle? », *Revue d'économie politique*, 116, p. 743-744.
73. Alain Trannoy, « Financement des universités, financement des études », *Revue d'économie politique*, 116, 2006, p. 772.
74. Sur ce point, cf. Frédéric Lebaron, *La Croyance économique. Les économistes entre science et politique*, Paris, Seuil, 2000, p. 123 *sqq*.
75. Olivier Blanchard, « L'université malade », *Libération*, 22 juin 1998.
76. R. Gary-Bobo et A. Trannoy, « Faut-il augmenter les droits d'inscription à l'université? », art. cit., p. 191.
77. *Ibid.*, p. 201.
78. OCDE, *Regards sur l'éducation 2013. Les indicateurs de l'école*, Éditions de l'OCDE, 2013.
79. Qu'une telle comparaison ne prenne pas en compte le taux de change entre les deux monnaies, qu'elle inclue dans le budget d'Harvard, comme le précise une discrète note de bas de page, celui de l'hôpital et de la clinique de l'université et qu'elle oublie les ressources non étatiques des universités françaises ne semble pas avoir gêné le comité de lecture de la revue...
80. A. Trannoy, « Financement des universités, financement des études », art. cit., p. 747.
81. R. Gary-Bobo et A. Trannoy, « Faut-il augmenter les droits d'inscription à l'université? », art. cit., p. 212.
82. Commission européenne, « Faire réussir le projet de modernisation pour les universités: formation, recherche et innovation », *Communication au Conseil et au Parlement*, 10 mai 2006, p. 4.

83. Conseil de l'emploi, des revenus et de la cohésion sociale (CERC), *Éducation et redistribution*, Paris, La Documentation française, 2003. Pour plus de précisions sur cette question, voir le chapitre 2 du présent ouvrage.
84. R. Gary-Bobo et A. Trannoy, « Faut-il augmenter les droits d'inscription à l'université ? », art. cit., p. 212.
85. É. Maurin, *La Nouvelle Question scolaire. Les bénéfices de la démocratisation*, *op. cit.*
86. *Ibid.*, p. 18.
87. Cf. Guillaume Allègre, Thomas Mélonio et Xavier Timbeau, « Dépenses publiques d'éducation et inégalités. Une perspective de cycle de vie », *Revue économique*, (63), 6, 2012, p. 1074. Les auteurs concluent leur article de la manière suivante : « De manière générale, le financement par l'impôt d'un service public, même lorsque celui-ci est assez inégalement distribué et même lorsque cet impôt n'est pas progressif, produit des effets redistributifs lorsqu'on adopte une perspective de cycle de vie. Les transferts en nature financés par un impôt proportionnel peuvent ainsi atténuer les inégalités, même lorsque ceux-ci ne sont pas ciblés sur les plus pauvres. »
88. Pour une approche sociologique de ce problème, voir les travaux initiés à la suite de l'ouvrage fondateur dirigé par Lucie Tanguy : Lucie Tanguy (dir.), *L'introuvable relation : un état des recherches en France*, Paris, La Documentation française 1986. Pour une approche économique récente et synthétique, cf. É. Maurin, *La Nouvelle Question scolaire. Les bénéfices de la démocratisation*, *op. cit.*
89. Il n'est évidemment pas question d'exposer en détail les caractéristiques de la forme scolaire propre aux classes préparatoires. Sur ce point, on peut notamment renvoyer à Emile Durkheim, *L'Évolution pédagogique en France (2)*, Paris, Libraire Félix Alcan, 1938, p. 69-133 ; Pierre Bourdieu, *La Noblesse d'État*, Paris, Minuit, 1989, p. 99-181 ; et Muriel Darmon, *Classes préparatoires. La fabrique d'une jeunesse dominante*, Paris, La Découverte, 2013.
90. Yves-Marie Abraham, « Du souci scolaire au sérieux managérial, ou comment devenir un "HEC" », *Revue française de sociologie*, (48), 1, 2007, p. 37.

91. *Ibid.*
92. Benjamin Massé, « Rites scolaires et rites festifs : les "manières de boire" dans les grandes écoles », *Sociétés contemporaines*, 47, 2002, p. 105.
93. *Ibid.*, p. 107-108 et 128.
94. P. Aghion et É. Cohen, *Éducation et croissance*, *op. cit.*, p. 15.
95. Leah Haines, « *Learning Curves* », *The Dominion Post*, 21 juin 2003, cité *in* Annie Vinokur, « *Study Now Pay Later*. Endettement étudiant et restructuration de l'enseignement supérieur », in Annie Vinokur (dir.), *Pouvoirs et financement en éducation. Qui paye décide ?*, Paris, L'Harmattan, 2007.
96. A. Trannoy, « Financement des universités, financement des études », art. cit., p. 780.
97. A. Vinokur, « *Study Now Pay Later*. Endettement étudiant et restructuration de l'enseignement supérieur », art. cit.
98. Deux exemples parmi beaucoup d'autres : le compte rendu d'une enquête de l'American Student Assistance intitulé *Life Delayed : the Impact of Student Debt on the Daily Lives of Young Americans* paru en 2013, ou ce billet de deux économistes de la Réserve fédérale de New York, Meta Brown et Sydnee Caldwell, « Young student loan borrowers retreat from housing and auto markets », 17 avril 2013.
99. Cf. Jesse Rothstein et Cecilia Elena Rouse, « Constrained After College : Student Loans and Early Career Occupational Choices », National Bureau of Economic Research, Working Paper 13 117, 2007.
100. Cf. Brent W. Ambrose, Larry Cordell et Shuwei Ma, *The Impact of Student Loan Debt on Small Business Formation*, 29 mars 2014, http://dx.doi.org/10.2139/ssrn.2417676
101. Cf. Tom Price, « Rising College Costs », *The Congressional Quaterly Researcher*, (13), 42, p. 1013-1044.
102. State Higher Education Executive Officers, *State Higher Education Finance FY 2013*, 2014.
103. National Center for Education Statistics, http://nces.ed.gov/fastfacts/display.asp?id=372
104. State Higher Education Executive Officers, *State Higher Education Finance FY 2013*, 2014, p. 18.
105. *Ibid.*

106. *Ibid.*
107. *Ibid.*
108. OCDE, *Regards sur l'éducation* 2013, *op. cit.*, p. 216.
109. OECD, « Education Database : Expenditure by funding source and transaction type », *OECD Education Statistics* (database), 2013.
110. Cf. Her Majesty's Treasury, *Spending review 2010*, p. 52.
111. C'est notamment la position que défendent Pierre Courtioux et Stéphan Gregoir.
112. Cf. http://www.federalreserve.gov/releases/g19/current/default.htm#fn11b et http://www.newyorkfed.org/newsevents/mediaadvisory/2013/Lee022813.pdf
113. Cf. Lee Donghoon, *Household Debt and Credit : Student Debt*, Federal Reserve Bank of New York, 28 février 2013.
114. Consumer Financial Protection Bureau, *Private Student Loans*, 29 août 2012.
115. Congress of the United States, Congressional Budget Office, *Options to Change Interest Rates and Other Terms on Student Loans*, juin 2013.
116. United States Government Accountability Office, *Federal Student Loans. Borrower Interest Rates Cannot Be Set in Advance to Precisely and Consistently Balance Federal Revenue and Costs*, janvier 2014.
117. Department of Education, *Student Loans Overview*, Fiscal Year 2014 Budget Proposal, p. S-10.
118. Cf. http://www2.ed.gov/offices/OSFAP/defaultmanagement/cdr2yr.html et http://www2.ed.gov/offices/OSFAP/defaultmanagement/cdr.html
119. Cf. http://www.consumerfinance.gov/blog/a-closer-look-at-the-trillion/
120. Cf. Pierre Courtioux, « Peut-on financer l'éducation du supérieur de manière plus équitable ? », *EDHEC Position paper*, 2009.
121. *Ibid.*, p. 24.
122. « Is College Worth it ? », *The Economist*, 5 avril 2014.
123. Cf. Floyd Norris, « Hindsight Advice on Paying for College : Buy Stocks in 1982 », *The New York Times*, 28 octobre 2006.
124. Jonathan Glater et Alan Finder, « In Tuition Game, Popularity Rises With Price », *New York Times*, 12 décembre 2006.

125. Lipman Hearne, *Wondering What Works? The Changing Marketing Mix in Higher Education, a Report on Marketing Spending at Colleges and Universities*, 2010.

126. Thomas Garrett et William Pool, *Stop Paying More for Less: Ways to Boost Productivity in Higher Education*, https://www.stlouisfed.org/publications/re/articles/?id=340#1

127 Cf. par exemple, Jay. P. Greene, Brian Kisida et Jonathan Mills, « Administrative Bloat at American Universities : The Real Reason for High Costs in Higher Education », rapport pour le Goldwater Institute, 2010 ; Benjamin Ginsberg, *The Fall of the faculty*, Oxford, Oxford University Press, 2011.

128. P. Aghion et É. Cohen, *Éducation et croissance, op. cit.*, p. 98.

129. La composition sociale des étudiants de Sciences-Po est un sujet politiquement sensible sur lequel il est difficile d'avoir des informations fiables. Cependant, et si l'on peut débattre du degré d'« ouverture sociale » de l'établissement depuis quinze ans, il reste certain que les étudiants issus des classes supérieures y restent largement majoritaires. Sur ce point, cf. Vincent Tiberj, « Sciences-Po, dix ans après les Conventions éducation prioritaire », 2011 (étude commandée par Sciences-Po et réalisée par un chercheur de Sciences-Po) ; Cour des Comptes, *Sciences-Po : une forte ambition, une gestion défaillante*, p. 38 *sqq.*

130. Ministère de l'Éducation nationale, de l'Enseignement supérieur et de la Recherche, *Repères et références statistiques sur les enseignements, la formation et la recherche*, 2013, p. 197.

131. *Ibid.*

132. Entretien avec Richard Descoings réalisé par des étudiants de l'École des mines de Paris, 28 décembre 2012, http://controverses.ensmp.fr/public/promo11/promo11_G20/controverses.ensmp. fr/public/promo11/promo11_G20_2/index. php/entretien-descoings. html

133. Cf. http://decodeurs.blog.lemonde.fr/2010/01/13/les-pauvres-ne-paient-pas-pour-les-etudes-des-riches/

134. Conseil de l'emploi, des revenus et de la cohésion sociale, *Éducation et redistribution*, rapport n° 3, Paris, La Documentation française, 2003.

135. *Ibid.*, p. 59-60.

136. Cf. Cathal O'Donoghue, « The redistributive impact of education in the European Union », contribution au séminaire CERC-DPD-Insee, 15 novembre 2002.
137. Conseil de l'emploi, des revenus et de la cohésion sociale, *Éducation et redistribution*, *op. cit.*, p. 60.
138. En comptabilité nationale, les transferts sociaux en nature correspondent aux biens et services individuels fournis aux ménages par les administrations ou les institutions sans but lucratif au service des ménages (ISBLSM), gratuitement ou à des prix très bas. Ils comprennent à la fois : les prestations sociales en nature qui relèvent du champ de la protection sociale, c'est-à-dire les biens et services marchands fournis directement par les administrations publiques et ceux que les ménages bénéficiaires achètent eux-mêmes et se font ensuite rembourser (médicaments, soins médicaux) ; les transferts de biens et services individuels non marchands, en particulier l'éducation et la santé, services qui sont évalués par la somme des coûts de production.
139. Cf. Sylvie Le Laidier, « Les transferts en nature atténuent les inégalités de revenus », *Insee Première*, 1264, 2009.
140. Jean Gadrey, « La gratuité (des services publics) contre l'égalité ? », http://alternatives-economiques.fr/blogs/gadrey/2009/05/20/la-gratuite-des-services-publics-contre-l %E2 %80%99egalite/ Pour plus de précisions sur cette question, cf. Jean Gadrey, *En finir avec les inégalités*, Paris, Mango, 2006. Ces évaluations ont certes des limites : elles ne prennent notamment pas en compte les coûts différenciés par type de filière et par établissements. Cependant, une étude menée aux États-Unis montre qu'en prenant en compte ces différents coûts pour chaque étudiant, le résultat change peu : la redistribution est faiblement positive ou neutre. Cf. William R. Johnson, « Are public subsidies to higher education regressive ? », *Education, Finance and Policy*, (1), 3, 2006.
141. Sur ce point, cf. Claire Callender, « The 2012/13 reforms of higher education in England : changing student finances and funding », *Social Policy Review*, 24, 2012 ; Aurélien Casta, « Frais d'inscription et prêts étudiants en Angleterre : discours, origines et effets », *L'Homme et la société*, 178, 2010, et « La nouvelle condition des étudiants anglais :

entre endettement et emploi », *Formation emploi*, 110, 2010 ; Nicolas Bastien, Pierre Chenard, Pierre Doray et Benoît Laplante, « Économie, société et éducation : l'effet des droits de scolarité sur l'accès aux études universitaires au Québec et en Ontario », note de recherche du Centre interuniversitaire de recherche sur la science et la technologie, 2014.

142. Enquête Génération 2010 du Céreq.
143. Les enfants d'ouvriers non qualifiés entrés en CP en 1997 avaient ainsi 18 fois moins de chances que les enfants de cadres supérieurs de parvenir en 6e sans avoir redoublé, contre 17 fois moins pour leurs congénères entrés en CP en 1978.
144. Ministère de l'Éducation nationale, *L'état de l'École*, 23, 2013.
145. Pierre Bourdieu et Jean-Claude Passeron, *Les Héritiers*, Paris, Minuit, 1964, p. 11.
146. Cour des comptes, *Rapport public annuel 2013*, février 2013.
147. Sources : MESR-DGESIP-DGRI-SIES / Système d'information SISE, enquêtes menées par le SIES sur les écoles d'ingénieurs, les établissements d'enseignement supérieur non rattachés aux universités, les STS et CPGE collectées par le MEN-MESR-DEPP, enquêtes spécifiques aux ministères en charge de l'Agriculture, de la Santé, des Affaires sociales et de la Culture.
148. Le cas des États-Unis, souvent présenté comme le modèle de l'excellence universitaire ou au contraire comme l'épouvantail de la marchandisation et du surendettement étudiant, est extrêmement complexe. Chaque État définit ses propres politiques universitaires et le système reste très morcelé entre des universités d'élite privées, des universités publiques et des *community colleges*, établissements publics au recrutement nettement plus populaire que celui des grandes universités privées délivrant un enseignement souvent technique ou professionnel sur une durée de deux ans. Cf. Steven Brint et Jerôme Karabel, *The Diverted Dream : Community Colleges and the Promise of Educational Opportunity in America, 1900-1985,* Oxford, Oxford University Press, 1991.
149. Pour plus de précisions, cf. Léonard Moulin, *Frais d'inscription dans l'enseignement supérieur : enjeux, limites et perspectives*, thèse de doctorat en sciences économiques, juin 2014, p. 119-120 et le tableau de synthèse p. 145.

150. Pierre Bourdieu, *Sur l'État. Cours au Collège de France (1989-1992)*, Paris, Raisons d'agir/Seuil, 2012, p. 184.
151. Yves Dezalay et Bryant Garth, *La Mondialisation des guerres de palais. La restructuration du pouvoir d'État en Amérique latine, entre notables du droit et « Chicago boys »*, Paris, Seuil, 2002.
152. OCDE, *Regards sur l'éducation 2013*, *op. cit.*
153. « Non au profit dans l'éducation. »
154. Début 2011, le ministre de l'Éducation, Joaquin Lavin, est mis en cause pour ses activités en tant que dirigeant de l'université du développement. Cette université loue ses locaux à la société Ainavillo (4 milliards de pesos chiliens en 2010, soit 6 millions d'euros) dont Lavin est propriétaire. Le scandale intervient alors que la mobilisation étudiante prend de l'ampleur, et pousse rapidement le ministre à changer de portefeuille.
155. Andres Solimano, économiste et animateur du Centro Internacional de Globalización y Desarrollo (Ciglob), cité *in* Hervé Kempf, « Contre l'héritage Pinochet. Au Chili, le printemps des étudiants », *Le Monde diplomatique*, octobre 2011.
156. Bruce Chapman, « The Australian University Student Financing System : the Rationale for, and Experience with, Income-Contingent Loans », *in* Shiro Armstrong et Bruce Chapman, *Financing Higher Education and Economic Development in East Asia*, Camberra, ANU Press, 2011.
157. L. Moulin, *Frais d'inscription dans l'enseignement supérieur : enjeux, limites et perspectives*, thèse cit., p. 123-124.
158. Gratan Institute, *Mapping Australian higher education*, janvier 2013.
159. Ian Young, « Survival of the deregulated », *The Sydney Morning Herald*, 14 juillet 2014.
160. « Budget : university students to pay more with removal of caps on fees », *The Guardian*, 13 mai 2014.
161. « Students protest against Government plans to overhaul higher education sector », http://www.abc.net.au/news/2014-05-21/university-students-rally-against-budget-measures/5467044
162. Sur la continuité entre le thatchérisme et les politiques menées par le New Labour de Tony Blair, cf. Keith Dixon, *Un digne héritier. Blair et le thatchérisme*, Paris, Raisons d'agir, 2000.

163. Pour une analyse précise des transformations du financement de l'enseignement supérieur en Angleterre, voir les travaux d'Aurélien Casta, notamment : « Le financement des étudiants en France et en Angleterre de 1945 à 2011. Le *student finance*, l'*award* et le salaire étudiant et leur hégémonie », thèse de doctorat en sociologie, université Paris Ouest Nanterre La Défense, juin 2012.
164. Len McCluskey, « Unions, get set for battle », *The Guardian*, 19 décembre 2010.
165. Cf. http://britainneedsapayrise.org/the-campaign/
166. Pour un récit passionnant de ce mouvement étudiant et de ses conséquences politiques par l'un de ses porte-parole les plus marquants, cf. Gabriel Nadeau-Dubois et Eric Martin, « Où vont la gauche et le mouvement étudiant québécois après le "printemps érable" », http://www.contretemps.eu/interviews/o%C3%B9-vont-gauche-mouvement-%C3%A9tudiant-qu%C3%A9b%C3%A9cois-apr%C3%A8s-%C2%AB-printemps-%C3%A9rable-%C2%BB
167. Cf. Frédéric Lordon, *Fonds de pension, piège à cons ? Mirages de la démocratie actionnariale*, Paris, Raisons d'agir, 2000.
168. Cf. Pierre Dardot et Christian Laval, *Commun. Essai sur la révolution aux XXIe siècle*, Paris, La Découverte, 2014.
169. Pour une perspective plus large, cf. GRDS, *L'École commune. Propositions pour une refondation du système éducatif*, Paris, La Dispute, 2012.
170. Ces chiffres constituent une synthèse, sous forme d'ordres de grandeur, de ceux fournis par l'Observatoire de la vie étudiante (cf. *La Vie étudiante. Repères*, édition 2011) et par Sophie Némoz et Luc Bousquet *in En-quête du logement étudiant. Synthèse contributive à la consultation de recherche sur le logement et la condition étudiante en France et dans l'Union européenne*, rapport technique du Plan, Urbanisme, Construction et Architecture, 2007.
171. Cf. Bernard Convert, « Des hiérarchies maintenues. Espace des disciplines, morphologie de l'offre scolaire et choix d'orientation en France, 1987-2001 », *Actes de la recherche en sciences sociales*, 149, 2003.
172. Ministère de l'Éducation nationale, de l'Enseignement supérieur et de la Recherche, *Repères et références statistiques sur les enseignements, la formation et la recherche*, 2013.

173. Valérie Albouy et Thomas Wanecq, « Les inégalités sociales d'accès aux grandes écoles », *Économie et statistique*, 361, 2003.
174. P. Bourdieu et J.-C., *Les Héritiers. Les étudiants et la culture, op. cit.* ; Pierre Bourdieu et Jean-Claude Passeron, *La Reproduction. Éléments pour une théorie du système d'enseignement*, Paris, Minuit, 1970.
175. S. Orange, *L'Autre enseignement supérieur. Les BTS et la gestion des aspirations scolaires, op. cit.*
176. P. Courtioux, « Peut-on financer l'éducation du supérieur de manière plus équitable ? », art. cit.
177. Cf. Magali Beffy, Denis Fougère et Arnaud Maurel, « L'impact du travail salarié des étudiants sur la réussite et la poursuite des études universitaires », *Économie et statistique*, 422, 2009. Pour un panorama complet sur cette question, cf. Vanessa Pinto, *À l'école du salariat. Les étudiants et leurs « petits boulots »*, Paris, PUF, 2014.
178. Observatoire de la vie étudiante (cf., *La Vie étudiante. Repères*, édition 2011).
179. Cf. Thomas Piketty, *Le Capital au XXI*e *siècle*, Paris, Seuil, 2013.
180. Cf. Thomas J. Kane, « College entry by blacks since 1970 : the role of college costs, family background, and the returns to education », *The Journal of Political Economy*, (102), 5, 1994.
181. Erica Field, « Educational debt burden and career choice : evidence from a financial aid experiment at NYU law school », *American Economic Journal : Applied Economics*, (1), 1, 2009.
182. Sur cette question de la dette publique, cf. François Chesnais, *Les dettes illégitimes. Quand les banques font main basse sur les politiques publiques*, Paris, Raisons d'agir, 2011.
183. L'École polytechnique a suscité le débat fin 2013 dans la mesure où ses étudiants (recrutés en qualité d'officiers militaires) ne sont plus tenus, depuis 1999, de rembourser la fameuse « pantoufle » s'ils décident de ne pas tenir leurs engagements vis-à-vis de l'État (article 9 du Décret n° 70-323 du 13 avril 1970 – version consolidée du 17 septembre 2000).
184. En Norvège par exemple, les prêts sont remboursables sur vingt ans, avec des réductions possibles si les études sont réalisées dans des délais stricts. Leur taux est subventionné et la dette effacée pour certaines études, métiers ou régions d'installation.

185. En outre, si le nombre d'inscrits devait augmenter, cela pourrait se faire au détriment d'actifs au chômage (et donc conduire à des économies de leur indemnisation) ou en faveur d'un accroissement de la valeur créée par les futurs actifs.
186. Les chiffres fournis sont ceux de l'année 2010-2011.
187. Cf. F. Chesnais, *Les dettes illégitimes*, *op. cit.*
188. « Pacte de responsabilité : le texte du Medef ne prend pas d'engagement sur les contreparties », *L'Usine nouvelle*, 5 mars 2014.
189. Camille Landais, Thomas Piketty et Emmanuel Saez, *Pour une révolution fiscale. Un impôt sur le revenu pour le XXIe siècle*, Paris, Seuil, 2011.
190. Cf. P. Bourdieu et J.-C. Passeron, *Les Héritiers. op. cit.*
191. Cité *in* Antoine Prost, *Histoire de l'enseignement en France. 1800-1967*, Paris, Armand Colin, 1968, p. 151.
192. Émile Boutmy, *Quelques idées sur la création d'une faculté libre d'enseignement supérieur*, Paris, Imprimerie d'Adolphe Lainé, 1871, p. 15.
193. Cf. Aditya Chakrabortty, « King›s College London : world leaders in business nonsense », *The Guardian*, 15 juillet 2014.
194. Cf. P.E.C.R.E.S., *Recherche précarisée, recherche atomisée*, *op. cit.*

TABLE DES MATIÈRES

DANS LA MÊME COLLECTION

– Pierre Bourdieu, *Sur la télévision*,
suivi de *L'Emprise du journalisme*, 1996

– Serge Halimi, *Les Nouveaux Chiens de garde* (1997),
nouvelle édition actualisée et augmentée, 2005

– Areser (Association de réflexion sur les enseignements supérieurs et la recherche), *Diagnostics et remèdes urgents pour une université en péril*, 1997

– Julien Duval, Christophe Gaubert, Frédéric Lebaron, Dominique Marchetti, Fabienne Pavis,
Le « Décembre » des intellectuels français, 1998

– Pierre Bourdieu, *Contre-feux. Propos pour servir à la résistance contre l'invasion néolibérale*, 1998

– Keith Dixon, *Les Évangélistes du marché* (1998),
nouvelle édition actualisée et augmentée, 2008

– Jacques Bouveresse, *Prodiges et vertiges de l'analogie*, 1999

– Loïc Wacquant, *Les Prisons de la misère*, 1999

– Keith Dixon, *Un digne héritier*, 2000

– Frédéric Lordon, *Fonds de pension, piège à cons ? Mirage de la démocratie actionnariale*, 2000

– Laurent Cordonnier, *Pas de pitié pour les gueux. Sur les théories économiques du chômage*, 2000

– Pierre Bourdieu, *Contre-feux 2. Pour un mouvement social européen*, 2001

– Rick Fantasia et Kim Voss, *Des syndicats domestiqués. Répression patronale et résistance syndicale aux États-Unis*, 2003

– Frédéric Lordon, *Et la vertu sauvera le monde... Après la débâcle financière, le salut par l'« éthique » ?*, 2003

– Christian de Montlibert, *Savoir à vendre. L'enseignement supérieur et la recherche en danger*, 2004

– Pierre Tévanian, *Le Voile médiatique. Un faux débat : « l'affaire du foulard islamique »*, 2005

– Pierre Rimbert, Libération *de Sartre à Rothschild*, 2005

– Éric Hazan, *LQR. La Propagande du quotidien*, 2006

– Bernard Convert, *Les Impasses de la démocratisation scolaire*, 2006

– Tariq Ali, *Quelque chose de pourri au Royaume-Uni. Libéralisme et terrorisme*, 2006

– Marie Bénilde, *On achète bien les cerveaux. La publicité et les médias*, 2007

– Julien Duval, *Le Mythe du « trou de la Sécu »*, 2007

– Raoul-Marc Jennar et Laurence Kalafatidès, *L'AGCS. Quand les états abdiquent face aux multinationales*, 2007

– Hervé Do Alto et Pablo Stefanoni, *Nous serons des millions. Evo Morales et la gauche au pouvoir en Bolivie*, 2008

– Alexis Spire, *Accueillir ou reconduire. Enquête sur les guichets de l'immigration*, 2008

– Frédéric Lordon, *Jusqu'à quand ? Pour en finir avec les crises financières*, 2008

– Walter Benn Michaels, *La Diversité contre l'égalité*, 2009

– François Denord et Antoine Schwartz, *L'Europe sociale n'aura pas lieu*, 2009

– Yves Gingras, *Propos sur les sciences*, 2010

– Laurent Cordonnier, *L'Économie des Toambapiks. Une fable qui n'a rien d'une fiction*, 2010

– Noam Chomsky, *Réflexions sur l'université, suivies d'un entretien inédit*, 2010

– François-Xavier Devetter et Sandrine Rousseau, *Du balai. Essai sur le ménage à domicile et le retour de la domesticité*, 2011

– P.É.C.R.E.S. *Recherche précarisée, recherche atomisée. Production et transmission des savoirs à l'heure de la précarisation*, 2011

– François Chesnais, *Les Dettes illégitimes. Quand les banques font main basse sur les politiques publiques*, 2011

– Rémi Lefebvre, *Les Primaires socialistes. La fin du parti militant*, 2011

– Franck Poupeau, *Les Mésaventures de la critique*, 2012

– Alexis Spire, *Faibles et Puissants face à l'impôt*, 2012

– Ben Fine et Alfredo Saad-Filho, *Ca-pi-tal! Introduction à l'économie politique de Marx*, 2012

– Michael Hardt et Antonio Negri, *Déclaration. Ceci n'est pas un manifeste*, 2013

– Yves Gingras, *Les Dérives de l'évaluation de la recherche. Du bon usage de la bibliométrie*, 2014

Les manuscrits non publiés ne sont pas renvoyés.

Achevé d'imprimer sur rotative
par l'imprimerie Soregraph à Nanterre
en janvier 2015

Diffusion : Seuil
Dépôt légal : 1er trimestre 2015
N° d'impression : 14151